BUSINESS TOOLBOX

... professionell & sicher im Job!

Ingrid Brand-Hückstädt

Arbeitszeugnisse entschlüsseln

Insiderwissen zum Zeugniscode;
alle rechtlichen Grundlagen

STARK

Coverbild: okart/Shutterstock.com

ISBN 978-3-8490-2150-4

Inhalt

Einleitung

Wahrscheinlich hat das jeder in seinem Berufsleben schon einmal erlebt: Wenn man es ins Vorstellungsgespräch geschafft hat, blättert der hoffentlich zukünftige Personalchef[1] in den Bewerbungsunterlagen, bleibt bei einem Zeugnis hängen und fragt stirnrunzelnd: „Hatten Sie Probleme mit Ihrem Vorgesetzten bei der alten Firma?" Und man selber fragt sich, welcher Satz im Zeugnis diesen Hinweis gegeben haben könnte. Derartige, mit detaillierten Benotungen und Hinweisen versehene Zeugnisse, wie wir sie in Deutschland kennen, sind andernorts auf der Welt eher unbekannt: Man begnügt sich mit Tätigkeitsbeschreibungen oder bekommt Referenzen. Wer im angelsächsischen Raum von der Universität kommt, benötigt im Allgemeinen keine Bewerbungsmappe, sondern hat eine Empfehlung.

Die Rechtsprechung in Deutschland hat für die Zeugnisse in der Arbeitswelt zunächst vorgegeben, dass diese wohlwollend und berufsfördernd formuliert sein müssen. Da sie gleichzeitig aber auch wahr sein sollen, ergibt sich manchmal ein unüberbrückbarer Widerspruch. Daraus sind im Laufe der Jahre kreative Formulierungen entstanden, die zwar positiv klingen, es aber nicht

1 *Die verwendete Sprachform dient der leichteren Lesbarkeit und schließt immer auch das jeweils andere Geschlecht mit ein.*

sind. Nun darf man aber nicht davon ausgehen, dass es eine einheitliche und eindeutige Zeugnissprache geben würde. Dann müssten sich ja alle Arbeitgeber und Personaler in Deutschland auf bestimmte Formulierungen geeinigt haben, was schlichtweg ausgeschlossen erscheint. Und trotzdem gibt es diesen ungeschriebenen Code, der – wenn man ihn nicht kennt –für den Arbeitnehmer unangenehme Folgen haben kann. Eine Merkwürdigkeit in unserem Rechtssystem, das doch üblicherweise konkrete Paragrafen und Regelungen vorschreibt, um die rechtsstaatlich erforderliche Überprüfung möglich zu machen und Rechtssicherheit zu geben. Zwar hat der Gesetzgeber in § 109 GewO einige Präzisierungen geschaffen und auch die Rechtsprechung hat mit ihren Entscheidungen wegweisend die Worte „wohlwollend" und „berufsfördernd" ausgelegt. Dennoch bleibt in Zeugnissen genügend Spielraum für Spekulationen und versteckte Andeutungen.

Über 40 Prozent der Zeugnisse werden heute mit vorgegebenen Zeugnisprogrammen geschrieben und über 50 Prozent mit Textbausteinen, lediglich 7 Prozent werden individuell formuliert. Die Mehrheit der Aussteller in Unternehmen ist aber für die Zeugniserstellung nicht geschult, kennt also die Begrifflichkeiten gar nicht, auf die es bei der Bewertung von Leistung und Führung ankommt (vgl. Wirtschaftspsychologie aktuell, 2016) und entscheidet möglicherweise ohne wirkliches Hintergrundwissen über die berufliche Karriere eines Arbeitnehmers. Denn selbst, wenn man mit Zeugnisprogrammen arbeitet, ist es unerlässlich zu wissen, was die einzelnen vom Programm vorgegebenen Formulierungen bedeuten, um ein passendes Zeugnis erstellen zu können.

Wenn Sie dieses Buch gelesen haben, werden Sie Insiderwissen über den heute bestehenden Zeugniscode haben, das es Ihnen hoffentlich erleichtern wird, Ihr Zeugnis richtig zu lesen. Sie werden Wert auf die richtige, ausführliche, für Sie und Ihre Zukunft wichtige Tätigkeitsbeschreibung und die richtige Schlussformel legen. Und Sie werden erfahren, dass der Gesamteindruck entscheidend ist, weshalb nicht jedes Wort auf die Goldwaage gelegt werden sollte.

Deshalb gehen Sie also bei einem zunächst negativ erscheinenden Zeugnis nicht gleich davon aus, dass Ihr Arbeitgeber das auch so gemeint hat. Reichen Sie nicht sofort Klage ein, sondern versuchen Sie, im Gespräch mit ihm erst einmal zu klären, wie es zu bestimmten Formulierungen gekommen ist. Meist weiß man selbst sehr genau, ob eine nur befriedigende Bewertung der Wahrheit entspricht oder nicht. Und natürlich gibt es den Anspruch auf ein Super-Zeugnis nur, wenn man auch sehr gute Arbeit geleistet hat. Aber das haben Sie natürlich – deshalb schauen wir uns jetzt einmal an, ob Ihr Arbeitgeber das auch so gesehen hat.

Die Bedeutung von Zeugnissen ...

... für Arbeitgeber

Es gibt keine einheitliche Auffassung der Arbeitgeber über die Bedeutung von Zeugnissen. Für die einen – insbesondere in kleinen und mittelständischen Unternehmen – ist es immer noch das alleinige Kriterium für eine Einstellung. Für einen immer größer werdenden Teil haben sie kaum oder gar keine Bedeutung mehr. Das liegt u. a. sicher auch daran, dass über 80 Prozent der Zeugnisse die Bewertung „gut“ enthalten (vgl. Studie der Universität Nürnberg-Erlangen, 2011). Das wiederum ist vielleicht der Tatsache geschuldet, dass die Arbeitgeber Auseinandersetzungen – bis hin zu Gerichtsprozessen – wegen der Rechtsunsicherheit scheuen und lieber gleich einen Text aufsetzen, bei dem sie davon ausgehen dürfen, dass die Arbeitnehmer damit einverstanden sind. Es gibt auch Unternehmen, in denen die Devise gilt, dass jedes Zeugnis die Bewertung „sehr gut“ enthalten soll, um kostenträchtige und arbeitsintensive Auseinandersetzungen vor Gericht zu vermeiden.

Das ist wohl auch einer der Gründe, weshalb es gar nicht so viele Gerichtsurteile über Zeugnisstreitigkeiten gibt, wie man gemeinhin denkt. Vieles regelt sich im Vorwege oder im gerichtlichen Vergleich, weswegen es sich häufig auch nur um erst- bzw. zweitinstanzliche Urteile (Arbeitsgericht bzw. Landesarbeitsgericht) handelt. Diese über Jahre geübte Praxis der sehr guten bzw. guten Benotung der Leistungen und des Verhaltens der Arbeitnehmer hat den Nachteil, dass Zeugnisse nicht mehr wirklich glaubwürdig sind und selbst sehr gute Zeugnisse misstrauisch betrachtet werden. Die nicht selten ausgeübte Praxis, dass Arbeitnehmer selbst einen Entwurf ihres Zeugnisses aufsetzen, den der Arbeitgeber dann oft übernimmt, hat ein Übriges dazu beigetragen. Damit geraten Zeugnisse bei der Entscheidungsfindung für einen Stellenbewerber bei vielen Personalchefs in den Hintergrund. Sie lesen diese vielfach nicht mehr vollständig und nehmen sich wenig Zeit für die Durchsicht von Zeugnissen. Wichtig sind heute vor allem ein ansprechendes, heraushebendes Anschreiben und der Lebenslauf.

In höher dotierten Jobs nehmen Unternehmen oft auch viel Geld für sog. **Assessment-Center** in die Hand, um in einem tagelangen Auswahlverfahren den richtigen Bewerber für den ausgeschriebenen Job zu finden.

Nicht zu unterschätzen ist das, was man früher „Vitamin B“ nannte und heute **„Netzwerk“**. Wer viele Menschen in vielen verschiedenen Branchen und Jobs kennt und – ganz allgemein – als Mensch positiv bei ihnen in Erinnerung geblieben ist, hat auch eher die Chance, auf einen Befürworter für seine Bewerbung in einem Unternehmen zu treffen. Ein Zeugnis – egal wie positiv oder negativ – tritt dabei häufig völlig in den Hintergrund.

... für Arbeitnehmer

Jeder Arbeitnehmer möchte von seinem Arbeitgeber spätestens bei der Beendigung des Arbeitsverhältnisses wissen, wo er steht – egal, ob man freiwillig oder unfreiwillig einen Arbeitsplatz aufgegeben hat. Er möchte dokumentiert haben, was er in dem Unternehmen gelernt hat, was er dort gemacht hat und vor allen Dingen, wie er es gemacht hat. Mit einem solchen Dokument kann er seine weitere berufliche Karriere gestalten und im Lebenslauf nachweisen, wo und wie er gewisse Zeiten seines Lebens verbracht hat. Er kann sich bei einem neuen Arbeitgeber bewerben und seine fachlichen und wirtschaftlichen Fähigkeiten, aber auch seine Führungskompetenz sozusagen beweisen. Trotz der kritischen Anmerkungen, die viele Arbeitgeber zum Wert von Zeugnissen machen, landet ein Bewerber ohne Zeugnisse, oder einem fehlenden, für bestimmte Jahre eben doch schnell auf dem Bewerbungsunterlagen-Stapel der „Ablehnungen".

MEIN TIPP

Gerade im Berufsleben gilt, dass man alle Leute (mindestens) zweimal im Leben trifft, besonders dann, wenn man sich jahrelang in derselben Branche bewegt. Deshalb sollten Sie sich in einem Unternehmen immer so verabschieden, dass Sie dort jederzeit gerne wieder genommen würden – auch wenn das manchmal schwerfällt.

Rechtliche Grundlagen

Anspruch auf ein Zeugnis

In § 630 BGB heißt es:

Bei der Beendigung eines dauernden Dienstverhältnisses kann der Verpflichtete von dem anderen Teil ein schriftliches Zeugnis über das Dienstverhältnis und dessen Dauer fordern. Das Zeugnis ist auf Verlangen auf die Leistung und die Führung im Dienst zu erstrecken. Die Erteilung in elektronischer Form ist ausgeschlossen. […]

Und in § 109 Gewerbeordnung (die früher nur für gewerbliche Arbeitnehmer galt und heute für alle) heißt es seit Januar 2003, wobei die sprachlich veraltet klingende Formulierung des Bürgerlichen Gesetzbuches etwas modernisiert wurde:

1. *Der Arbeitnehmer hat bei Beendigung eines Arbeitsverhältnisses Anspruch auf ein schriftliches Zeugnis. Das Zeugnis muss mindestens Angaben zu Art und Dauer der Tätigkeit (einfaches Zeugnis) enthalten. Der Arbeitnehmer kann verlangen, dass sich die Angaben darüber hinaus auf Leistung und Verhalten im Arbeitsverhältnis (qualifiziertes Zeugnis) erstrecken.*
2. *Das Zeugnis muss klar und verständlich formuliert sein. Es darf keine Merkmale oder Formulierungen enthalten, die den Zweck haben, eine andere als aus der äußeren Form oder aus dem Wortlaut ersichtliche Aussage über den Arbeitnehmer zu treffen.*
3. *Die Erteilung des Zeugnisses in elektronischer Form ist ausgeschlossen.*

Im zweiten Absatz wurde die bestehende Rechtsprechung in einen Gesetzestext gegossen: Das Zeugnis darf also keine Doppeldeutigkeiten enthalten und muss verständlich geschrieben sein. An diesem Satz muss sich jeder Zeugnistext messen lassen. Dieser bildet auch die rechtliche Grundlage, wenn Sie als Arbeitnehmer meinen, bestimmte Formulierungen in Ihrem Zeugnis seien inakzeptabel. Wir werden anhand von Beispielen noch sehen, wohin diese gesetzliche Vorgabe in der Praxis geführt hat.

Der Gesetzgeber hat zudem festgelegt, dass ein Zeugnis nicht in elektronischer Form erstellt werden kann, da es sich um eine Urkunde bzw. ein Dokument handelt. Zeugnisse per Mail sind damit ausgeschlossen.

Möchte der Arbeitnehmer eine Beurteilung auch über seine Leistung und sein Verhalten, muss er nach dem Gesetzestext den Arbeitgeber direkt dazu auffordern. In der Praxis – jedenfalls in größeren Unternehmen – geht der Arbeitgeber in der Regel davon aus, dass man bei Ausscheiden aus dem Arbeitsverhältnis ein Zeugnis wünscht, und er dieses unaufgefordert erstellt.

MEIN TIPP

Bei Beendigung des Arbeitsverhältnisses sollten Sie vorsorglich ein qualifiziertes Zeugnis konkret einfordern. Das kann bereits im (Eigen-)Kündigungsschreiben geschehen.

Im Übrigen handelt es sich um eine sog. **Holschuld** des Arbeitnehmers, d. h., der Arbeitgeber ist nicht verpflichtet, das Zeugnis zu verschicken. Auch hier sieht es in der Praxis aber meist anders aus, d. h., man bekommt das Zeugnis als Arbeitnehmer meist zugeschickt.

MEIN TIPP

Sollten Sie trotz Anforderung über einen Zeitraum von vier bis sechs Wochen kein Zeugnis erhalten haben, fordern Sie den Arbeitgeber schriftlich auf – das kann zunächst auch per Mail sein –, das Zeugnis zu erstellen. Erfolgt auch dann keine Reaktion, sollten Sie einen Brief per Einschreiben mit Rückschein versenden, in dem Sie eine Frist setzen (zwei Wochen sind angemessen), erneut zur Zeugniserstellung auffordern und anderenfalls eine Klage androhen. Meistens hat ein Anschreiben bereits Erfolg. Wenn dies nicht der Fall sein sollte, fahren Sie – wenn es Ihnen möglich ist – zum Arbeitgeber und fordern es persönlich ein. Sollte all dies nicht fruchten, ist tatsächlich eine Klage auf Zeugniserteilung erforderlich.

Anspruch auf ein Zeugnis hat jeder Arbeitnehmer, ob Vollzeit- oder Teilzeitkraft, befristet oder unbefristet eingestellt, leitende Angestellte, Aushilfen, Praktikanten und Auszubildende (diese nach § 16 I Berufsbildungsgesetz).

Auch in verschiedenen Tarifverträgen sowie für die Beschäftigten im öffentlichen Dienst finden sich entsprechende Regelungen für einen Zeugnisanspruch.

Für einen Zeugnisanspruch bedarf es keiner besonderen Länge des Arbeitsverhältnisses: Bereits bei einem Arbeitsverhältnis, das erst seit zwei Tagen besteht, kann Zeugnisanspruch bestehen. Jedenfalls dann, wenn ein Arbeitsverhältnis eigentlich auf Dauer angelegt war (LAG Düsseldorf, 14. 5. 1963 – 8 Sa 177/63).

Ob es unter diesen Umständen sinnvoll ist, ein qualifiziertes Zeugnis zu verlangen, darf bezweifelt werden. Eher empfiehlt sich – wenn überhaupt – die Bitte um ein einfaches Zeugnis, in dem lediglich die Dauer und die Tätigkeit beschrieben werden.

Auch bei einem Betriebsübergang, bei dem ein Unternehmen einen neuen Inhaber bekommt, bleibt der Zeugnisanspruch gegenüber dem alten Arbeitgeber bestehen.

Ein **Betriebsübergang** gem. § 613 a BGB beendet das Arbeitsverhältnis nicht, vielmehr geht das Arbeitsverhältnis mit allen Rechten und Pflichten auf den neuen Inhaber über.

Die **Insolvenz** eines Unternehmens beendet das Arbeitsverhältnis ebenfalls nicht automatisch. Bis zur eventuellen Kündigung durch den Insolvenzverwalter muss man seiner Arbeitspflicht weiter nachkommen. Ebenso besteht ein Zeugnisanspruch gegenüber dem Arbeitgeber bzw. dem Insolvenzverwalter weiter fort.

MEIN TIPP

In der Praxis zeigen sich vor und bei der Einleitung des Insolvenzverfahrens immer wieder praktische Schwierigkeiten, den Zeugnisanspruch durchzusetzen. Wenn also im Unternehmen die Gerüchteküche hinsichtlich einer möglichen Insolvenz brodelt, fordern Sie den Arbeitgeber möglichst schnell zur Erstellung eines Zwischenzeugnisses auf. Er wird vermutlich nicht begeistert sein – tun Sie es trotzdem. Das Gleiche gilt bei einem Betriebsübergang.

Fristen

Die normale Verjährung bei Ansprüchen aus dem Arbeitsverhältnis liegt zwar theoretisch bei drei Jahren (§ 195 BGB), aber in der Praxis gelten vielfach Tarifverträge, die Ansprüche aus einem Arbeitsverhältnis nach zwei, drei oder auch sechs Monaten verfallen lassen bzw. ausschließen, wenn man sie nicht einfordert oder einklagt **(sog. Ausschluss- oder Verfallfristen)**. Diese Fristen sind deshalb so kurz, weil sowohl Arbeitgeber als auch Arbeitnehmer sehr schnell Klarheit haben sollen über das Bestehen oder Nichtbestehen von Forderungen aus dem Arbeitsverhältnis.

Diese tariflichen Verfallfristen gelten allgemein aber nicht für den Anspruch auf Zeugnisausstellung oder Zeugnisberichtigung. (LAG Hamm, 21. 12. 1993 – 4 Sa 1077/93)

MEIN TIPP

Allerdings können in Tarifverträgen auch konkrete Verfallfristen für Zeugnisse festgelegt sein. Deshalb sollten Sie sich nach etwaigen Verfallfristen erkundigen, wenn ein Tarifvertrag in Ihrem Unternehmen gilt. Zu empfehlen ist aber in jedem Fall die unverzügliche Einforderung eines Zeugnisses bei Beendigung des Arbeitsverhältnisses.

Verwirkung

Ein Zeugnisanspruch kann jedoch verwirkt werden. Das ist regelmäßig dann der Fall, wenn der Arbeitnehmer über einen längeren Zeitraum zunächst kein Zeugnis anfordert oder ein bereits erhaltenes Zeugnis erst nach Monaten inhaltlich beanstandet (BAG Betriebsberater 1989, S. 978).

Ein konkreter Zeitraum ist von der Rechtsprechung nicht benannt, man kann aber davon ausgehen, dass zehn Monate zwischen Beendigung des Arbeitsverhältnisses und der Zeugnisanforderung die Verwirkung herbeiführen und der Arbeitgeber das Zeugnis nicht mehr ausstellen muss.

Haben Sie mit dem Arbeitgeber aber in ständigem Kontakt gestanden, das Zeugnis immer wieder angefordert oder Berichtigungsansprüche geltend gemacht, aber der Arbeitgeber hat nicht reagiert, tritt die Verwirkung nicht ein. Möglich ist auch, dass der Arbeitgeber nach einem langen Zeitraum nicht mehr in der Lage ist, den Zeugnisanspruch zu erfüllen, z. B. weil die ehemaligen Vorgesetzten nicht mehr im Unternehmen tätig sind oder das Unternehmen an sich, z. B. wegen Insolvenz oder Schließung, nicht mehr existiert. Es kommt aber immer auf den Einzelfall an und nach aller Erfahrung entscheiden die Arbeitsgerichte relativ großzügig zugunsten der Arbeitnehmer hinsichtlich der Verwirkung.

MEIN TIPP

Es ist immer möglich, den Arbeitgeber – auch verspätet – freundlich anzuschreiben und um ein Zeugnis zu bitten. Eine plausibel klingende Erklärung hilft dabei natürlich, z. B., dass man erst im Nachhinein festgestellt habe, in welchem großartigen, modernen Unternehmen man tätig gewesen sei und dies deshalb jetzt für die Zukunft dokumentiert haben möchte.

Nur der Vollständigkeit halber sei an dieser Stelle erwähnt, dass eine Mitwirkung oder **Mitbestimmung des Betriebsrates** nach dem Betriebsverfassungsgesetz bei der Zeugniserstellung nicht vorgesehen ist, da es sich allein um einen individualrechtlichen Anspruch handelt.

Zeugnisarten

Einfaches Zeugnis

Das sog. einfache Zeugnis enthält lediglich Angaben über die Person, die Art und Dauer der Beschäftigung sowie die Beendigungsmodalitäten. Es enthält hingegen keine Aussagen zu Leistung und Führung bzw. Verhalten. Deshalb wird es häufig bei kurzen Aushilfsarbeiten oder wenig qualifizierten Tätigkeiten genutzt, wobei diese konkret beschrieben werden müssen.

Zwischenzeugnis

Es gibt in der Praxis gute und von der Rechtsprechung anerkannte Gründe für einen Arbeitnehmer, ein sog. Zwischenzeugnis vom Arbeitgeber zu verlangen (vgl. BAG 1.10.1998 – 6 AZR 176/97). Dies ist der Fall bei

- Wechsel eines Arbeitsbereiches
- Wechsel eines Vorgesetzten
- Betriebsübergang
- voraussehbarer Unterbrechung des Arbeitsverhältnisses, z. B. bei geplanter Elternzeit
- einer sehr langen Kündigungsfrist

In solchen Fällen ist anzuraten, den Arbeitgeber um ein Zwischenzeugnis zu bitten. Die in größeren Unternehmen üblichen jährlichen Beurteilungsgespräche oder Zielvereinbarungen sind entgegen mancher Meinungen aus Personalabteilungen keine Zwischenzeugnisse. Und selbstverständlich können Sie jederzeit ein Zwischenzeugnis verlangen, wenn Sie beabsichtigen, den Arbeitgeber zu wechseln.

Achtung: Bei der Bitte um ein Zwischenzeugnis sollten Sie immer bedenken, dass der Arbeitgeber annehmen könnte, dass Sie das Unternehmen verlassen wollen. Nicht in allen Fällen wird man sich darüber freuen und es könnte z. B. sein, dass Sie bei der nächsten Beförderungsrunde nicht mehr dabei sind.

Auch vor der sog. eigenen Marktwerttestung oder schriftlichen Argumentationshilfe für Gehaltserhöhungen sei gewarnt, da sich der Arbeitgeber genötigt und erpresst fühlen könnte, was im schlimmsten Fall sogar zu einer Kündigung führen kann.

Die Beurteilung im Endzeugnis darf übrigens nur aus triftigem Grund von der im Zwischenzeugnis abweichen (BAG 16. 10. 2007 – 9 AZR 248/07). Dies kann z. B. der Fall sein, wenn zwischenzeitlich eine Abmahnung ausgesprochen wurde.

Qualifiziertes Zeugnis

Das sog. qualifizierte Zeugnis stellt eine Erweiterung des einfachen Zeugnisses dar. Die meisten Arbeitnehmer verlangen ein qualifiziertes Arbeitszeugnis, weshalb es der gängigste Zeugnistyp ist.

In qualifizierten Arbeitszeugnissen müssen

- der Inhalt des Arbeitsverhältnisses,
- die Dauer des Arbeitsverhältnisses,
- eine Leistungsbeurteilung sowie
- eine Führungsbeurteilung

enthalten sein. Alle Punkte zusammen sind als eine Einheit zu sehen, es wird also eine **Gesamtbeurteilung des Arbeitnehmers** für die Zeit in dem Unternehmen vorgenommen. Deshalb ist es für ein positives Zeugnis wichtig, dass die Leistungs- und Führungsbeurteilung gleich bewertet werden. Ist z. B. die Leistung mit „sehr gut“ beurteilt, das Führungsverhalten aber nur mit „befriedigend“, handelt es sich in der Gesamtbeurteilung nur um ein mittelmäßiges Zeugnis. Mit anderen Worten: Es muss alles zusammenpassen, damit man von einem „wohlwollenden, berufsfördernden“ Zeugnis sprechen kann. Genauso wichtig ist aber, dass alle vier genannten Punkte im Zeugnistext auch erscheinen.

Allgemeines zu Zeugnissen

Gesamteindruck

Der Gesamteindruck ist entscheidend, weshalb auch die Länge, der Tenor und die Wortwahl des qualifizierten Zeugnisses zu beachten sind.

Beispiel	**Eindruck**
Ist Ihr Zeugnis lediglich eine Seite lang, obwohl Sie 15 Jahre im Unternehmen tätig waren?	Das ist zu kurz und könnte damit aussagen, dass man nicht viel Positives über Sie zu sagen weiß.
Ist Ihr Zeugnis drei Seiten lang, aber Sie waren nur ein Jahr im Unternehmen tätig?	Das ist zu lang und deshalb unglaubwürdig. Es könnte zudem der Verdacht aufkommen, dass Sie es selbst geschrieben haben.
Enthält Ihr Zeugnis lange Sätze mit vielen Füllwörtern wie „im Allgemeinen, im Wesentlichen“?	Der Zeugnisschreiber weiß möglicherweise nicht viel über Sie und will sich nicht festlegen.
Enthält Ihr Zeugnis kurze Sätze ohne Adjektive und Adverbien?	Das wird als kühl, distanziert und damit nicht positiv empfunden.

Beispiel	Eindruck
Ist Ihre Leistungsbeurteilung sehr gut und die Abschlussformel sehr herzlich, andere Teile aber fehlen oder sind durcheinander geschrieben?	Das kann darauf hindeuten, dass Sie den Arbeitgeber wohl doch nicht von Ihrer Leistung überzeugt haben.
Ist die Tätigkeitsbeschreibung sehr ausführlich, die Leistungsbeurteilung hingegen sehr kurz?	Dann kann man daraus schließen, dass der Arbeitnehmer sich zwar bemüht hat, seine Aufgaben zu erfüllen, aber im Ergebnis der Firma nichts gebracht hat.

Sie sehen also, es kommt nicht nur auf einzelne Wörter oder Formulierungen an, sondern letztendlich ist der Gesamteindruck des Zeugnisses entscheidend. Deshalb kann es auch möglich sein, dass eine einzelne Formulierung, über die man im Text und beim Lesen stolpert, gar nicht so sehr ins Gewicht fällt, solange der Gesamttext stimmt. Wie bei Romanen auch, bei denen der eine warmherzig und emotional geschrieben ist und der andere kühl und sachlich, unterscheiden sich eben auch Zeugnistexte im Schreibstil – und lassen oft damit erkennen, ob es sich um ein positives oder negatives Zeugnis handelt.

MEIN TIPP

Lesen Sie ein Zeugnis zunächst immer erst einmal komplett durch und lassen Sie den Gesamteindruck auf sich wirken. Erst beim zweiten Lesen schauen Sie genauer auf bestimmte Worte oder Formulierungen und prüfen deren Bedeutung.

Form

Auch die Form des Zeugnisses ist wichtig für den Gesamteindruck. Mittlerweile ist wohl jedem Arbeitgeber klar, dass handschriftlich geschriebene Zeugnisse nicht mehr zeitgemäß sind.

Ein formal richtiges Zeugnis ...

- ist auf aktuellem Geschäftspapier mit aktueller Geschäftsadresse ohne Adressfeld geschrieben (LAG Hamburg 7. 9. 1993 – 7 Ta 7/93).
- trägt die richtige Überschrift (LAG Düsseldorf 23. 5. 1995 – 3 Sa 253/95).
- ist in der 3. Person abgefasst und enthält keine orthografischen und grammatikalischen Fehler (LAG Düsseldorf 23. 5. 1995 – 3 Sa 253/95).

Es enthält keine

- Streichungen,
- Anführungszeichen,
- Unterstreichungen oder
- Ausrufezeichen (BAG 3. 3. 1993 – 5 AZR 182/92).

Alle diese Zeichen und Markierungen sind nämlich in ihrer Bedeutung für den neutralen Leser schwer einzuordnen und können deshalb auch ironisch oder abwertend gemeint sein.

Faltet der Arbeitgeber den Zeugnisbogen (üblicherweise DIN-A4), um ihn in einen entsprechenden Briefumschlag zu stecken, soll das nicht zu beanstanden sein (BAG 21. 9. 1999 – 9 AZR 893/98).

Das Originalzeugnis muss aber kopierfähig sein, die Knicke dürfen sich also auf Kopien nicht abzeichnen. Weil das aber häufig der Fall ist, sollten Arbeitgeber Zeugnisse in einem DIN-A4-Umschlag ungeknickt verschicken.

Leider vergessen einige Arbeitgeber häufig, dass ein Zeugnis auf ihrem Geschäftspapier auch eine Visitenkarte ihres Unternehmens ist. Trotzdem sind Schreib- und Grammatikfehler keine Seltenheit und auch Kaffee – und Schokoladenflecken sollen schon vorgekommen sein.

Inhaltlich formal müssen

- die persönlichen Daten des Arbeitnehmers wie Vor- und Zuname (nicht mehr üblich der Geburtsname),
- das Geburtsdatum,
- der akademische Grad (wenn vorhanden) sowie
- die genaue Beschäftigungsdauer

im Zeugnis enthalten sein.

Nicht mehr üblich ist die Nennung des Geburtsortes, weil man möglicherweise diskriminierende Rückschlüsse ziehen könnte.

Durch die äußere Form darf außerdem nicht der Eindruck erweckt werden, dass der ausstellende Arbeitgeber sich vom buchstäblichen Wortlaut seiner Erklärung distanziert (BAG 3.3.1993 – 5 AZR 82/92).

Achtung: Ein qualifiziertes Zeugnis wird in der Vergangenheitsform, das Zwischenzeugnis hingegen im Präsens geschrieben. Wechsel der Zeiten im Zeugnistext sollten vermieden werden.

MEIN TIPP

Formale Fehler in der Form, wie oben erwähnt, müssen Sie nicht akzeptieren. Mit einem freundlichen Anschreiben, in dem auf die zu beanstandenden Stellen hingewiesen wird, und der Bitte um eine Berichtigung innerhalb von zwei Wochen ist meistens alles Nötige getan und der Arbeitgeber wird Ihnen im Normalfall eine korrigierte Fassung zusenden.

Das Ausstellungsdatum

Das Ausstellungsdatum des Zeugnisses soll dem Tag der Beendigung des Arbeitsverhältnisses entsprechen. D. h., das Datum auf dem Zeugnis soll auf den letzten Arbeitstag datiert sein. In der Praxis ist es allerdings häufig so, dass ein Zeugnis mit der letzten Entgeltabrechnung oder noch einige Wochen später ausgestellt wird. Das ist vielfach auch verständlich und nachvollziehbar: In großen Unternehmen muss der direkte Vorgesetzte seine Beurteilung abgeben, dann erst wird es in der Personalabteilung geschrieben. In kleinen Unternehmen geht die Zeugniserstellung für jemanden, der sowieso nicht mehr da ist, im Alltagsgeschäft oft unter, ohne dass es böswillig gemeint ist. Da ein Zeugnis eine Urkunde ist, muss das Datum der Erstellung wahrheitsgemäß sein, sodass es also häufig vorkommt, dass dieses einige Wochen nach der Beendigung des Arbeitsverhältnisses liegt.

Im Falle der Änderung oder Berichtigung muss das Zeugnis das Datum des ursprünglich und erstmals erteilten Zeugnisses tragen. So wird vermieden, dass neutrale Dritte für den Arbeitnehmer nachteilige Schlüsse ziehen können (LAG Hamm 17.6.1999 – 4 Sa 2587/98).

Achtung: Sind einige Monate zwischen dem Beendigungsdatum und der Zeugniserstellung vergangen, könnte der Eindruck entstehen, dass man sich um den Zeugnisinhalt oder sogar die Beendigung des Arbeitsverhältnisses an sich in einem gerichtlichen Verfahren auseinandergesetzt hat.

Die Unterschriften-Frage

Immer wieder taucht bei der Unterschrift unter dem Zeugnis die Frage auf, ob die Person eigentlich unterschriftsberechtigt für das Zeugnis ist. In großen Unternehmen sind die Unterschriftsberechtigungen allein aus Compliance- und Ethik-Gründen für alles und jedes geregelt – also auch für Zeugnisse. Meistens gilt dort auch das **Vier-Augen-Prinzip**, sodass es zwei Unterschriften unter dem Zeugnis gibt.

In vielen Unternehmen ist es der direkte Vorgesetzte, der das Zeugnis unterschreibt. Sog. Teamleiter, Schichtführer o. Ä. reichen nach der Position aber nicht aus für eine Zeugnisunterschrift; Abteilungsleiter hingegen möglicherweise schon. In großen Unternehmen mit entsprechenden Personalabteilungen kommt es vor, dass der sog. Business-Manager oder der Personalsachbearbeiter das Zeugnis unterschreibt, manchmal neben dem direkten Vorgesetzten. Auch diese Personen in solchen eher untergeordneten Positionen haben aber oft keine Unterschriftsberechtigung, sondern nur der Personalleiter.

Für einen Dritten muss deutlich erkennbar sein, wer das Zeugnis unterschrieben hat. Deshalb soll unter der Unterschrift, die ja meist eh nicht leserlich ist, der Name in Druckbuchstaben stehen. Ebenso gehört ein akademischer Titel oder die Bezeichnung der Stellung im Unternehmen darunter, z. B. Geschäftsführer, Direktor, Leiter der Forschungsabteilung, Personalleiter (vgl. LAG Hamm 2. 4. 1998 – 4 Sa 1735/97 / LAG Düsseldorf 23. 5. 1995 – 3 Sa 253/95).

Nur in bestimmten Positionen gibt es die Vertretungsmacht bzw. Prokura, im Namen des Unternehmens auftreten zu dürfen. Die Vertretungsbefugnis des Unterzeichners muss durch entsprechende Zusätze (ppa oder i. V.) oder durch die Angabe der hierarchischen Position kenntlich gemacht werden (LAG Hamm 17. 6. 1999 – 4 Sa 2587/98).

MEIN TIPP

Wenn Sie Zweifel haben, ob die Unterschriften auf Ihrem Zeugnis von Vorgesetzten stammen, die vertretungsberechtigt sind, scheuen Sie sich nicht, im Unternehmen selbst nachzufragen. Niemand anders – auch kein Rechtsanwalt – kann Ihnen auf Anhieb und mit Sicherheit sagen, ob jemand unterschriftsberechtigt ist oder nicht.

Das Wichtigste in Kürze

Bei der Beurteilung und Bewertung von Zeugnissen kommt es nicht nur auf die inhaltlichen Formulierungen im Zeugnistext an, sondern auch auf formale Kriterien. Entscheidend ist immer der Gesamteindruck. Die ausstellenden Unternehmen sind sich oft nicht bewusst, dass formale Mängel eher auf sie selbst als schlechte Visitenkarte zurückfallen als auf den Arbeitnehmer. Andererseits können bestimmte Formalien, wie z. B. das Ausstellungsdatum, Details über das Verhältnis zwischen Arbeitgeber und Arbeitnehmer preisgeben.

Aufbau und Inhalt von Arbeitszeugnissen

Die Einleitung

Selbstverständlich sind in der Einleitungsformulierung die Personalien des Arbeitnehmers und die Dauer des Arbeitsverhältnisses zu benennen. Dazu gehören der (richtig geschriebene!) **Vor-** und **Nachname**, das **Geburtsdatum** sowie der evtl. vorhandene akademische Grad.

Achtung: Der Geburtsort sollte heute nicht mehr im Zeugnis stehen, da dieser möglicherweise diskriminierende Rückschlüsse zulässt.

BEISPIEL

Frau Gabriele Meyer, geboren am 20. Mai 1963, war als kaufmännische Angestellte vom 1. Januar 2012 bis 30. Juni 2016 in unserem Unternehmen tätig.

Die gesamte Formulierung deutet bereits auf eine aktive Mitarbeiterin hin. Dies wäre allerdings anders bei der Formulierung „wurde beschäftigt“. Passive Formulierungen können einen passiven Mitarbeiter suggerieren.

Über das Unternehmen

Einige Unternehmen neigen dazu, über das Unternehmen selbst, ihre Produkte, Marktstellung und Arbeitnehmerzahl zu informieren. Das ist in Ordnung, wenn es sich um wenige Sätze handelt, um zu erklären, in welcher Branche man sich bewegt und ob man z. B. auf dem Weltmarkt oder nur in einem begrenzten Umfeld in Deutschland geschäftlich tätig ist. Nimmt der Teil über das Unternehmen aber eine viertel Seite ein, könnte man auch den Eindruck gewinnen, dass der Aussteller nicht genug Positives über den Arbeitnehmer zu berichten weiß, um zwei Seiten zu füllen. Das muss aber nicht so sein, denn gerade der Absatz über das Unternehmen wird meistens – jedenfalls in großen Firmen – als Textbaustein in allen Zeugnissen verwendet.

Vorgaben und Freiheiten

Das gesamte Zeugnis muss woh wollend, berufsfördernd, vollständig und wahr sein (BAG 1. 1. 1993 – 6 AZR 171/92/BAG 23. 6. 1960 – 5 AZR 560/58).

Das **Wohlwollen** und die **Berufsförderung** ergeben sich aus der Fürsorgepflicht des Arbeitgebers, eine der wichtigen Nebenpflichten aus dem Arbeitsverhältnis. Da es andererseits wahr sein muss, darf ein Zeugnis aber durchaus Ungünstiges für den Arbeitnehmer enthalten (LAG Düsseldorf 21. 8. 1956 – 2 b Sa 65/56).

Das Zeugnis darf keine Lücken enthalten. Dabei ist es eher selbstverständlich, dass die ausgeübten Tätigkeiten während der Dauer des Arbeitsverhältnisses **vollständig** aufgelistet werden. Fehlen aber Beurteilungen über die Führung, ist das z. B. insbesondere bei einem Arbeitnehmer mit Führungsfunktion ein Mangel. Der Zeugnisleser erwartet nämlich eine Aussage zu diesem Bereich der Tätigkeit. Ebenso muss bei einer Kassiererin bzw. bei allen Berufsgruppen, die mit Geld zu tun haben, die **Ehrlichkeit** erwähnt werden (LAG Hamm 27. 2. 1997 – 4 Sa 1691/96).

Achtung: Das Auslassen von Tätigkeiten und Beurteilungen, die man bei bestimmten Berufsbezeichnungen erwarten darf, weil sie zur Vollständigkeit der Tätigkeit und Beurteilung gehören, wird üblicherweise als „mangelhafte Leistung" gewertet.

Die Taktik des Auslassens hat auch damit zu tun, dass ein Zeugnis wahr sein muss. Wenn man gleichzeitig aber wohlwollend und wahr über einen Arbeitnehmer urteilen muss, ist Weglassen schließlich eine Alternative. Wer sich mit einer fristlosen Kündigung von einem Arbeitnehmer wegen Diebstahls getrennt hat, tut sich naturgemäß schwer, noch etwas Wohlwollendes über die Person zu sagen, die ihn wütend gemacht und enttäuscht hat.

Aber: Nicht nur die Kündigung eines Arbeitsverhältnisses entzieht dem Arbeitnehmer den sozialen Boden und soll deshalb immer das allerletzte Mittel des Arbeitgebers sein, wenn andere Maßnahmen wie Versetzung, Abmahnung und Änderungskündigung[2] nicht mehr ausreichen, um ein vertrauensvolles Arbeitsverhältnis fortsetzen zu können (sog. **Ultima-Ratio-Prinzip**). Auch jede negative Äußerung in einem Zeugnis verbaut dem Arbeitnehmer weitere berufliche Chancen und damit die Möglichkeiten, finanziell zu existieren und gesellschaftlich integriert zu sein.

2 *Von einer Änderungskündigung spricht man dann, wenn das bestehende Arbeitsverhältnis unter Einhaltung der persönlichen Kündigungsfrist gekündigt wird, gleichzeitig im Anschluss aber ein neues Arbeitsverhältnis zu neuen Bedingungen (z.B. andere Tätigkeit, anderes Gehalt) angeboten wird.*

Wo Gesetze und Rechtsprechung vom Arbeitgeber einen fast unmöglichen Spagat verlangen, hat sich über Jahre etwas entwickelt, was man den **Zeugniscode** nennen kann. Dieser bezieht sich hauptsächlich auf die Leistungsbeurteilung und das Führungsverhalten.

Aber: Dennoch gilt freie Wahl für den Arbeitgeber bei Formulierungen und freier Beurteilungsspielraum!

Die Rechtsprechung hat klargestellt, dass der Arbeitgeber bei allen Vorgaben dennoch bei der Wortwahl und im Satzbau frei ist (LAG Hamm 12. 4. 1994 – 4 Sa 192/94).

Der Arbeitnehmer kann also selbst gerichtlich nicht bestimmte Formulierungen durchsetzen, weil er sie subjektiv einfach gelungener findet. Er hat lediglich einen Anspruch auf ein wohlwollendes Zeugnis (ArbG Solingen 17. 5. 1990 – 1Ca 311/90).

Ebenso hat der Arbeitgeber einen Beurteilungsspielraum, der ihm freistellt, welches Beurteilungsverfahren er heranziehen möchte und wie er den Arbeitnehmer in seiner Leistung und in seinem Führungsverhalten beurteilt (BAG 14. 10. 2003 – 9 AZR 12/03).

Beweislast

Im Streitfall ist der Arbeitgeber für die Richtigkeit seiner Darlegungen im Zeugnis beweispflichtig. Im Gegenzug dazu ist es Sache des Arbeitnehmers, nachzuweisen, dass er eine bessere Leistung erbracht hat, als sie der Arbeitgeber in seinem Zeugnis bewertet (LAG Hamm 16. 3. 1989 – 12(13) Sa 1149/88).

Als Ausgangsnote gilt hierbei eine befriedigende Beurteilung („zu unserer vollen Zufriedenheit" oder „stets zu unserer Zufriedenheit"), also eine Drei in Anlehnung an das Schulnotensystem (BAG 18. 11. 2014 – 9 AZR 584/13). Es gibt auch keine „Branchenüblichkeit", wonach fast 90 Prozent der Arbeitszeugnisse mit „gut" bewertet würden. Wenn der Arbeitnehmer der Meinung ist, er habe bessere Leistung erbracht, muss er dies beweisen (vgl. u. a. LAG Bremen 9. 11. 2000 – 4 Sa 101/00).

Dies ist dann für den Arbeitnehmer leicht machbar, wenn es in dem Unternehmen jährliche **Beurteilungsgespräche** o. Ä. gab, wonach er jedes Mal eine sehr gute oder gute Bewertung bekam. Das Ergebnis dieser Gespräche wird dokumentiert und ist deshalb eine gute Argumentationsgrundlage für eine ggf. bessere Zeugnisbeurteilung. Das ist aber nicht die Praxis in vielen kleineren und mittleren Betrieben.

Man sollte auch Kollegen nicht vorschnell als Zeugen für die eigene gute Leistung benennen, weil es sich bei deren Beurteilung über Ihre Arbeit vielfach lediglich um subjektive Meinungen handeln dürfte. Zudem ist zu bedenken, dass man Kollegen mit einer Zeugenbenennung in eine erhebliche Bredouille bringen kann, da sie ja ihren Arbeitsplatz weiter bei dem Arbeitgeber haben, mit dem Sie sich möglicherweise vor Gericht streiten.

Beurteilung über die Gesamtdauer des Arbeitsverhältnisses

Auch heute noch kommt es nicht selten vor, dass Arbeitnehmer lange im selben Unternehmen arbeiten und viele unterschiedliche Tätigkeiten ausgeübt haben oder sogar ihre Ausbildungszeit dort verbracht haben. Da ein Zeugnis aber nie länger als zwei bis drei Seiten sein sollte, taucht das Problem auf, wie man diese unterschiedlichen Tätigkeiten und die gesamte Karriere eines Arbeitnehmers nachvollziehbar dokumentieren soll. Dabei ist zu bedenken, dass es niemand interessiert, was und wie Sie Ihre Ausbildung in dem Unternehmen vor 30 Jahren bewältigt haben. Der neue potenzielle Arbeitgeber will allein wissen, ob, wo und wie er Sie mit Ihrem heutigen Wissen, Ihren Kenntnissen und Erfahrungen in seinem Unternehmen einsetzen kann. Natürlich müssen alle wesentlichen Stationen Ihres Arbeitslebens in dem Unternehmen beschrieben werden; aber die bereits lange zurückliegenden sollten hinsichtlich der Länge und des inhaltlichen Gewichts zurückstehen.

Ein Hinweis auf möglicherweise in der bisherigen Arbeitszeit erstellte Zwischenzeugnisse ist im Zeugnis erlaubt. Selbstverständlich sollten Sie diese dann auch in Ihre Bewerbungsmappe mit aufnehmen.

MEIN TIPP

Wie bei Bewerbungsschreiben auch, sollte die übliche zeitlich aufeinanderfolgende Auflistung der Tätigkeitsbeschreibungen bei sehr langer Betriebszugehörigkeit zugunsten der zuletzt ausgeübten Tätigkeiten im Unternehmen geändert werden.

Achtung: Es kann natürlich vorkommen, dass Arbeitgeber bei einer Eigenkündigung eines Arbeitnehmers von ihm enttäuscht sind oder der Arbeitnehmer sich eines Straftatbestandes schuldig gemacht hat und deshalb fristlos vom Unternehmen gekündigt wurde. Ausformulierte Gefühlsregungen über die letzten Wochen der Zusammenarbeit oder gar wegen der Eigenkündigung des Arbeitnehmers und einmalige Vorkommnisse im Arbeitsverhältnis dürfen im Zeugnis nicht erwähnt werden, da es eben um die Beurteilung über die Gesamtdauer des Arbeitsverhältnisses geht (vgl. LAG Hamm 13. 2. 1992 – 4 Sa 1077/91).

Nicht zu unterschätzen: Die Tätigkeitsbeschreibungen

Wesentlicher Teil des qualifizierten Zeugnisses ist der Inhalt der Tätigkeit. Der potenzielle neue Arbeitgeber möchte wissen, was Sie früher eigentlich gemacht haben, denn nur so kann er beurteilen, ob Sie auch für die auszuführende Tätigkeit in seinem Unternehmen geeignet sind. Schließlich kennt er Sie nicht, wird Ihnen aber z. B. teure Maschinen anvertrauen oder sicher sein müssen, dass Sie als Sachbearbeiter in der Finanzabteilung auch wissen, was Sie tun, um ihm keinen finanziellen Schaden zuzufügen.

Deswegen ist es wichtig, dass aus dem Zeugnis erkennbar ist, welche Tätigkeiten Sie genau gemacht haben, welche Tätigkeitsmerkmale Sie erfüllt haben und welche Kompetenzen und Verantwortung Sie hatten. Es reicht also nicht, wenn dort steht „Sachbearbeiter in der Buchhaltung“. Man verbindet mit dieser Tätigkeit sicher immer zunächst Grundbegriffe wie Datenaustausch mit der Bank, Bilanzen erstellen usw., aber die Tätigkeit an sich kann in jedem Unternehmen unterschiedlich gestaltet sein und verschiedene Aufgaben umfassen.

Die Anzahl der Personen, mit denen man zusammengearbeitet hat, ist ebenso von Bedeutung wie eine eventuelle Leitungsfunktion, und wenn sie nur organisatorisch war. Der neutrale Dritte möchte wissen, ob man mehr intern oder auch extern tätig war, ob man möglicherweise sogar Kundenkontakte mit dem Ausland hatte und für ein bestimmtes finanzielles Budget verantwortlich war, ob man selbstständig oder nach Weisung gearbeitet hat.

Wenn man in der Produktion tätig war, kann die Bezeichnung der Maschinen wichtig sein und die Beschreibung, welche Funktion an einer Maschine genau man ausgeübt hat. War man in der Verwaltung tätig, muss erkennbar sein, mit welchen Computerprogrammen man gearbeitet hat. Es ist entscheidend für den potenziellen Arbeitgeber, ob Sie an alten Maschinen tätig waren, die er selbst gar nicht mehr im Betrieb hat, oder ob er Sie bereits nach kurzer Einarbeitungszeit an seine neuen Maschinen setzen kann, weil Sie diese aus Ihrem alten Unternehmen bereits kennen.

Es hat sich eingebürgert, dass diese Tätigkeitsbeschreibungen in **Spiegelstrichen** aufgezählt werden, weil dies auch der Übersichtlichkeit dient. Zudem vermeidet der Aussteller leichter eine Vermischung zwischen der – neutralen – Tätigkeitbeschreibung und Leistungsbeurteilung, die danach folgt.

MEIN TIPP

Selbstverständlichkeiten, wie z. B. Post abholen, Telefonate annehmen, PC-Arbeiten für Sekretärinnen o. Ä. sollten in der Tätigkeitsbeschreibung eher nicht auftauchen (es sei denn natürlich, man hat tatsächlich auch nur diese einfachen Tätigkeiten gemacht). Zu den Tätigkeiten eines Sekretärs gehört z. B. mittlerweile meistens (auch) die Organisation vieler anderer Dinge. Dies kann z. B. die Korrespondenz in einer anderen Sprache, Messevorbereitungen oder Reisevorbereitungen für den Chef beinhalten. Wenn das so ist, sollten Sie versuchen, diese Tätigkeiten detaillierter beschreiben zu lassen, damit man sich ein Bild über die umfassenden Bereiche machen kann, in denen Sie trotz dieser allgemeinen Berufsbezeichnung tätig waren.

In größeren Unternehmen ist die Personalabteilung für das Erstellen von Zeugnissen zuständig. Die Mitarbeiter dort kennen Sie meistens nicht und haben oft keinen wirklichen Einblick in die Arbeit, die Sie im Unternehmen gemacht haben. Manchmal ist die Personalabteilung noch nicht einmal an demselben Ort ansässig, an dem Sie selbst gearbeitet haben. Deshalb wird von Ihrem direkten Vorgesetzten erwartet, dass er der Personalabteilung die erforderlichen Informationen liefert und aufschreibt, welche Position Sie innehatten und welche Tätigkeiten Sie konkret ausgeführt haben.

MEIN TIPP

Nutzen Sie das für sich und nehmen Sie Ihrem Chef die Arbeit ab: Sprechen Sie rechtzeitig mit ihm und bitten ihn darum, Ihnen mitzuteilen, welche Tätigkeiten Sie aus seiner Sicht gemacht haben. Vergleichen Sie das mit der von Ihnen – vorher – erstellten Liste. Manchmal ist man über die Diskrepanzen der Wahrnehmungen erstaunt –, d. h., der Chef wusste gar nicht so richtig, was Sie alles gemacht haben. Wenn dies der Fall ist, sprechen Sie mit ihm darüber. Denn nur wenn Sie ihn von Ihren Tätigkeiten überzeugt haben, wird er Entsprechendes an die Personalabteilung weiterleiten.

Achtung: Oft haben Unternehmen interne Kürzel für bestimmte Abteilungen oder Tätigkeiten, mit denen ein Außenstehender wenig oder nichts anfangen kann. Und leider werden diese Kürzel sehr häufig in Zeugnissen verwendet. Dies sollten Sie nicht akzeptieren. Achten Sie darauf, dass Ihre Tätigkeitsbeschreibungen für jedermann verständlich geschrieben werden. Das heißt nicht, dass bestimmte Begriffe, die für bestimmte Branchen und Berufszweige typisch und vielleicht auch in Englisch verfasst sind, nicht vorkommen dürfen. Aber wenn Sie bereits bei Beendigung des Arbeitsverhältnisses wissen, dass Sie die Branche wechseln wollen, versuchen Sie auf den Zeugnisersteller einzuwirken, solche Begriffe zu vermeiden.

Der Arbeitgeber ist verpflichtet, die ausgeführten Tätigkeiten **vollständig und exakt** wiederzugeben. Die Position, die Aufgaben, die Kompetenzen und die Verantwortung müssen erkennbar sein. Bei größeren Unternehmen sollte auch der organisatorische Zusammenhang der Tätigkeit erklärt werden. Prokura (die im Handelsregister eingetragene umfassende Handlungsvollmacht mit gesetzlich festgelegtem grundsätzlich unbeschränktem Umfang, §§ 48 ff. HGB) oder Handlungsvollmacht (deckt alle Geschäfts-und Rechtshandlungen, die der Betrieb gewöhnlich mit sich bringt, § 54 HGB) sollen ebenso erwähnt werden wie die Teilnahme an Fort- und Weiterbildungsveranstaltungen. Weniger wichtige Aufgaben sollten nicht an erster Stelle stehen, wenn sie überhaupt erwähnt werden.

BEISPIEL: SEKRETÄRIN

Ihr Aufgabengebiet umfasste sowohl allgemeine Sekretariatsaufgaben wie

- *Schriftverkehr nach Diktat*
- *Führen eines Ablagesystems*
- ...

als auch die selbstständige Organisation und Planung der Geschäftsreisen der Vorstandsmitglieder ...

Bei einer Sekretärin ist die Haupttätigkeit erwartungsgemäß nun einmal die Führung von Schriftverkehr oder Ähnlichem. Die organisatorische Tätigkeit wird aber als Besonderheit im Zeugnis hervorgehoben, da sie außerhalb der Spiegelstrichauflistung beschrieben wird.

BEISPIEL: VERTRIEBSLEITER

Der Wirkungs- und Verantwortungsbereich umfasste im Wesentlichen die selbstständige Erledigung folgender Schwerpunktaufgaben:

- *die Anleitung und Einsetzung der ihm unterstellten zehn Vertriebsmitarbeiter als Personalverantwortlicher*
- *die Budgetverantwortung für den gesamten Vertriebsbereich unseres Betriebes*
- *die Betreuung großer Spezialkunden auch im Ausland, u. a. ...*
- ...

Hier wird von Anfang an deutlich gemacht, dass es sich um einen in der Betriebshierarchie wichtigen Arbeitnehmer handelt, der Personal- und Finanzverantwortung hatte.

MEIN TIPP

Wenn Sie die Möglichkeit haben, Einfluss auf den Inhalt des Zeugnisses zu nehmen, überlegen Sie sich, was Sie von den Dingen, die Sie im Unternehmen gelernt oder gemacht haben, für Ihre weitere Zukunft besonders nutzen möchten. Wenn Sie z. B. eine Bewerbung im Ausland in Betracht ziehen, sollten Sie Wert darauf legen, dass im Zeugnis Ihre entsprechenden Sprachkenntnisse besonders hervorgehoben werden, wenn Sie beispielsweise mit ausländischen Kunden Kontakt hatten.

Die Leistungsbeurteilung

Wie früher und in einigen Schulbereichen heute noch üblich, bilden die Noten 1 bis 6 die Benotungsskala im Arbeitsleben für sehr gute bis sehr schlechte Leistungen. Parallel dazu gibt es bestimmte von der Rechtsprechung anerkannte Formulierungen, die diese Noten mit Inhalt füllen (vgl. BAG 14. 10. 2003 – 9 AZR 12/03).

Note	Formulierung im Zeugnis
1 = sehr gut	Stets zu unserer vollsten Zufriedenheit
2 = gut	Stets zu unserer vollen Zufriedenheit
3 = befriedigend	Zu unserer vollen Zufriedenheit oder Stets zu unserer Zufriedenheit
4 = ausreichend	Zu unserer Zufriedenheit
5 = genügend	Im Großen und Ganzen zu unserer Zufriedenheit
6 = ungenügend	Bemühte sich, die übertragenen Aufgaben zu lösen

(vgl. u. a. LAG Hamm 22.5.2002 – 3 Sa 231/02; LAG Bremen 9.11.2000 – 4 Sa 101/00; LAG Köln 2.7.1994 – 11 Sa 255/99; LAG Hamm 12.7.1994 – 4 Sa 192/94; LAG Düsseldorf 26.2.1985 – 8 Sa 160/84)

Rechtlich schuldet der Arbeitnehmer vertraglich eine **Leistung mittlerer Art und Güte** (§ 243 I BGB), also eine befriedigende Leistung. Was das aber im Einzelfall bedeutet, darüber gehen die Meinungen zwischen Arbeitgeber und Arbeitnehmer oft auseinander. Viele Arbeitgeber orientieren sich auch gern an ihrem besten Mitarbeiter und erwarten von anderen die gleichen hervorragenden Leistungen, sodass sie sich in Zeugnissen entsprechend zurückhaltend äußern.

Andere Unternehmen geben in der Personalabteilung die Richtlinie vor, dass es ein „sehr gut“ nie gibt, weil man nicht sehr gut sein kann – oder aber sie geben vor, dass man immer ein „sehr gut“ in Zeugnissen vergibt, um rechtliche Auseinandersetzungen zu vermeiden. Einige verweigern die Formulierung „stets zur vollsten Zufriedenheit“ mit dem Hinweis auf die deutsche Sprache, die eine Steigerung von voll („voller“) nicht zulasse. Dem wird entgegengehalten, dass sich diese Formulierung in der Zeugnissprache nun einmal eingebürgert habe und es in Musterbüchern, arbeitsrechtlichen Monografien und Zeitschriften gebräuchlich sei (LAG Hamm 13. 2. 1992 – 4 Sa 1077/91).

Die Lage ist also eigentlich unübersichtlich und eben immer **subjektiv**. Wie schon in der Schule ist der Arbeitnehmer – vergleichbar dem Schüler gegenüber dem Lehrer – letztendlich der Meinung und subjektiven Beurteilung des Arbeitgebers ausgesetzt. Die Gerichte haben dabei auch nur einen begrenzten Überprüfungsspielraum.

Klar ist aber: Möchte der Arbeitnehmer eine bessere Leistung als „befriedigend“, muss er die Tatsache, dass dies zutrifft, beweisen. Möchte der Arbeitgeber dem Arbeitnehmer eine schlechtere Leistung als „befriedigend“ bescheinigen, trägt er wiederum die Beweislast (BAG 18. 11. 2014 – 9 AZR 584/13).

Inhalte der Leistungsbeurteilung

Die oben aufgezeigten Formulierungen sind sozusagen das Endergebnis, sie sollten deshalb auch am Ende der Leistungsbeurteilung stehen.

Wichtige Komponenten, die bei der Leistungsbeurteilung auftauchen sollten, sind:

Arbeitsbereitschaft = Wollen

Pflichtbewusstsein, Engagement, Identifikation mit dem Unternehmen, Einsatz, Ausdauer, Flexibilität, Zuverlässigkeit:

Herr A. war stets in höchstem Maße motiviert und realisierte sehr zielstrebig die ihm gesetzten und selbst gesteckten Ziele.

Arbeitsbefähigung = Können

Fachkenntnisse, Belastbarkeit, Denk- und Urteilsvermögen:

Frau B. war auch bei schwierigen Arbeitsbedingungen sehr belastbar und bewältigte alle Aufgaben stets sehr gut.

Arbeitsweise

Eigenverantwortung, Selbstständigkeit, Methodik:

Frau C. erledigte die Aufgaben stets sehr selbstständig und äußerst sorgfältig.

Arbeitserfolge

Zielerfüllung, Tempo, Qualität, Quantität:

Herr D. arbeitete immer außerordentlich effektiv und intensiv. Seine Arbeitsergebnisse waren stets von außerordentlich guter Qualität.

Besondere Arbeitserfolge

Umgesetzte Verbesserungsvorschläge, Gewinnsteigerungen, Neukundengewinnung:

Herrn E. gelang es durch seine außerordentliche Einsatzbereitschaft, in der Branche wichtige Großkunden für unser Unternehmen zu gewinnen.

Fort- und Weiterbildung

Eigeninitiative, berufsbegleitend, Inhalte, Aktualität:

Herr F. hat sich auf eigene Initiative vielfältige Fachkenntnisse erworben, die er immer gezielt und kompetent für seine Arbeit und zum Wohle des Unternehmens eingesetzt hat.

Mitarbeiterführung (falls vorhanden)

Abteilungs- oder Gruppenleitung:

Frau F. motivierte ihre Mitarbeiter durch ihre zielführende Leitung stets zu vollstem Einsatz und herausragenden Leistungen.

Sehr gute Leistungen

An den Beispielen, die jeweils eine sehr gute Leistung beschreiben, erkennt man, dass immer wieder Worte bzw. Formulierungen wie

- stets sehr gut
- außerordentlich
- hervorragend
- herausragend
- vollstem
- äußerst
- immer

fallen sollten. Sie sind in der deutschen Sprache nun einmal Ausdruck überschwänglicher Begeisterung, auch wenn sie grammatikalisch bei Germanisten eher zu Stirnrunzeln führen.

Für sehr gute Leistung muss sowohl das **Zeitmoment** (immer, stets) auftauchen als auch das sehr gute **Bewertungsmoment** (zur vollsten Zufriedenheit). Fehlt es an einem von beiden, ist die Leistung lediglich gut oder schlechter.

Durchschnittliche Leistungen

Diese werden mit folgenden Formulierungen dargestellt:

- Ihre Arbeitsergebnisse waren von guter Qualität.
- Die ihm übertragenen Aufgaben erfüllte er zu unserer Zufriedenheit.

Schwache Leistungen

- Er war den Anforderungen gewachsen.
- Er tat sein Bestes.
- Das Produktionsniveau konnte durch seine Arbeitsleistung gehalten werden.
- Er hat unsere Erwartungen größtenteils erfüllt.
- Er erledigte alle Arbeiten mit großem Fleiß.
- Er machte sich mit großem Eifer an die ihm gestellten Aufgaben.

Sehr schwache Leistungen

- Er zeigte für die Arbeit Verständnis.
- Er erfasste das Wesentliche.
- Er bemühte sich, die Leistungen zu erbringen, die wir normalerweise an diesem Arbeitsplatz erwarten.

Oft werden bei schwachen Leistungen auch Füllwörter gebraucht, wie:

- im Allgemeinen
- im Großen und Ganzen
- weitgehend
- oft

Diese Füllwörter sind häufig auch Ausdruck der Tatsache, dass der Zeugnisschreiber nicht viel Positives zu schreiben weiß, aber ja nichts Negatives schreiben darf und dennoch die Seite füllen muss.

Achtung: Fehlt es an einer der Komponenten, z. B. Leistungserfolge, könnte dies als sog. **„beredtes Schweigen"** gelten. Der Zeugnisschreiber sendet dann das Signal: Es gab keine oder wenige Arbeitserfolge.

Was gar nicht geht im Zeugnis: negative Grundsätze

Bestimmte Aussagen über die Person des Arbeitnehmers dürfen im Zeugnis überhaupt nicht auftauchen. Das Zeugnis ist allein ein Dokument über Ihr Arbeitsleben, deswegen haben Anmerkungen über das Privatleben dort nichts zu suchen. Auch die politische Gesinnung hat niemand zu interessieren, ebenso wenig wie die Gewerkschaftszugehörigkeit oder Betriebsratstätigkeit (ArbG Ludwigshafen 18. 3. 1987 – 2 Ca 281/87).

Vorstrafen oder strafrechtliche Verdächtigungen sind ebenfalls nicht zu erwähnen. Krankheiten, auch wenn sie lang andauernd oder der Kündigungsgrund waren, dürfen nicht genannt werden (LAG Chemnitz 30. 1. 1996 – 5 Sa 996/95).

Ein Hinweis auf Schwerbehinderung ist ebenso verboten wie auf Schwangerschaft oder Elternzeit. **Abmahnungen oder einmalige Vorfälle**, insbesondere wenn sie länger als zwei Jahre zurückliegen, dürfen für das Zeugnis und die Bewertung der Leistung oder des Verhaltens keine Rolle spielen. Angaben über das Gehalt oder über Gerichtsverfahren während des Arbeitsverhältnisses sind ebenfalls nicht erlaubt.

Wir werden noch feststellen, dass sie manchmal trotzdem im Zeugnis zu finden sind.

Alternative Formulierungen

Die klassischen Formulierungen der Gesamtbeurteilung über die im Arbeitsverhältnis erbrachten Leistungen werden mittlerweile auch durch neue Formulierungen ersetzt. Der kreative Zeugnisschreiber setzt sich dann allerdings der Gefahr einer Auseinandersetzung mit dem Arbeitnehmer aus, weil dieser die Benotung in der Ausdrucksweise vielleicht nicht kennt. Man sollte als Arbeitnehmer deshalb aber auch nicht zu misstrauisch sein, sondern das Gespräch mit dem Arbeitgeber suchen, um festzustellen, was dieser denn wirklich mit seinen Formulierungen gemeint hat.

Zudem ist eine klare und deutliche Abgrenzung der Benotungen zwischen eins bis sechs eher nicht die Regel. Es haben sich sog. **Zwischennoten** eingebürgert, deren Formulierungen dann noch schwammiger und schwieriger zu entziffern und zu deuten sind.

Im Folgenden finden Sie weitere Beispiele für zusammenfassende Beurteilungsformulierungen.

Sehr gute Leistungen

Statt „stets zur vollsten Zufriedenheit" könnte es auch heißen:

- Seine Leistungen haben unseren Erwartungen und Anforderungen stets in jeder Hinsicht und in allerbester Weise entsprochen.
- Wir waren immer mit seinen Leistungen in jeder Hinsicht außerordentlich zufrieden.
- Er hat unsere Erwartungen stets in jeder Hinsicht erfüllt und war uns ein äußerst wertvoller Mitarbeiter.

Wichtig: Das Zeitmoment „stets" oder „immer" und das Bewertungsadverb „allerbeste Weise" bzw. „außerordentlich" müssen **beide** in einer sehr guten Leistungsbewertung vorkommen.

Gute bis sehr gute Leistungen

- Sie hat unseren Erwartungen in allerbester Weise entsprochen.
- Er hat unsere Erwartungen und Anforderungen stets voll erfüllt.
- Seine Leistungen haben uns absolut zufriedengestellt.
- Er hat seine Aufgaben stets sehr gut bewältigt.

Gute Leistungen

- Er bewältigte seine Aufgaben stets gut.
- Wir waren mit ihren Leistungen voll und ganz zufrieden.
- Er hat unseren Erwartungen in bester Weise entsprochen.
- Er hat unsere Erwartungen und Anforderungen stets voll erfüllt.

Finden sich Formulierungen der oben genannten Art in Ihrem Zeugnis, können Sie mit dem Zeugnis voll und ganz zufrieden sein – sofern sich nicht andere Formulierungen finden, die diese Bewertung wieder aufheben –, dazu im weiteren Verlauf des Buches mehr. Nach meiner Erfahrung kann man dann aber zunächst einmal davon ausgehen, dass der Zeugnisersteller es gut mit dem Arbeitnehmer meinte. Die meisten Arbeitgeber, die eine solche (Gesamt-) Leistungsbewertung abgeben, wollen sich ein paar Sätze weiter nicht die Mühe machen müssen, diese Bewertung durch Worte oder kreative Formulierungen zu relativieren oder gar zu negieren. Fehler, die im weiteren Text auftauchen, werden dann üblicherweise nach einem Gespräch mit dem Arbeitgeber behoben, weil sie aus Unwissenheit oder Nachlässigkeit geschahen. Deshalb sollte man dann auch nicht jedes Wort auf die Goldwaage legen, sondern den **Gesamteindruck des Zeugnisses** betrachten (s. o.).

Zufriedenstellende / durchschnittliche Leistungen

- Er hat die ihm übertragenen Aufgaben stets zu unserer Zufriedenheit erledigt.
- Er hat die ihm übertragenen Aufgaben zu unserer vollen Zufriedenheit erledigt.
- Wir waren mit ihren Leistungen jederzeit zufrieden.
- Er hat unseren Erwartungen voll entsprochen.
- Seine Leistungen haben uns zufriedengestellt.

Ausreichende Leistungen mit Tendenz zu schlechten Leistungen

- Sie hat die Arbeiten zu unserer Zufriedenheit erledigt.
- Er hat unseren Erwartungen entsprochen.
- Ihre Leistungen haben weitestgehend unseren Erwartungen entsprochen.

Schlechte Leistungen

- Er hat im Großen und Ganzen zu unserer Zufriedenheit gearbeitet.
- Seine Leistungen haben weitgehend unseren Erwartungen entsprochen.

Unzureichende Leistungen

- Er hat sich bemüht, die ihm übertragenen Aufgaben zu unserer Zufriedenheit zu lösen.
- Sie hat sich bemüht, die Leistungen zu erbringen, die wir normalerweise an diesem Arbeitsplatz erwarten.

Normalerweise wird man gelobt, wenn es heißt, dass man sich „bemüht", aber eben nicht in einem Zeugnis. „Entspricht man den Erwartungen", ist das üblicherweise kein Tadel – in einem Zeugnis hingegen schon. Im Arbeitsleben erwartet man eben mehr als das Übliche und die Tatsache, dass man sich Mühe gibt, wird als Selbstverständlichkeit vorausgesetzt.

Haben Sie solche oder ähnliche Formulierungen in Ihrem Zeugnis, sollten Sie sich fragen, was da schiefgelaufen ist. Da die Formulierungen ja nicht unbedingt schlecht klingen, kann es sein, dass Ihr Arbeitgeber das auch gar nicht so schlecht meinte oder vielleicht irgendwo falsch abgeschrieben hat. Dann haben Sie Glück, weil er diese auf Ihre Intervention hin ändern wird.

Wollte er aber genau das ausdrücken, was die Formulierung im Zeugniscode meint, haben Sie ein Problem. Ein Gespräch wird da nicht unbedingt helfen. Ihr Vorteil ist, dass der Arbeitgeber beweisen muss, dass Sie wirklich so schlecht in der Arbeitsleistung waren, wie der Arbeitgeber behauptet. Das kann er nur, wenn es Abmahnungen oder jährliche Beurteilungsgespräche gab, in denen Sie schlechter als durchschnittlich bewertet wurden. Erfahrungsgemäß liegen nur in ganz seltenen Fällen derartig schlechte, unterdurchschnittliche Beurteilungen oder Abmahnungen vor. Viele Vorgesetzte oder Arbeitgeber scheuen derartige Beurteilungen während des bestehenden Arbeitsverhältnisses, müssten sie sich doch dann mit dem Arbeitnehmer, dem Betriebsrat und möglicherweise einem Rechtsanwalt auseinandersetzen. Das geschieht oft erst zu einem Zeitpunkt, an dem man den Arbeitnehmer wirklich loswerden möchte. Sie können deshalb also bei schlechter Beurteilung evtl. annehmen, dass der Arbeitgeber diese wahrscheinlich nicht beweisen kann, und das Risiko eines Gerichtsprozesses deshalb eingehen. Dazu später weiter unten.

Das Führungsverhalten bzw. die Verhaltensbeurteilung

In diesem Teil des Zeugnisses gibt der Arbeitgeber eine Beurteilung über Ihr **Sozial- und Führungsverhalten**. Es wird sowohl Ihr Verhalten gegenüber Vorgesetzten, Kollegen, Mitarbeitern als auch ihr Verhalten gegenüber Dritten, z. B. Kunden, beurteilt. Des Weiteren werden Ihre persönlichen Kompetenzen wie Teamfähigkeit, Kooperation, Wertschätzung und Beliebtheit bewertet wie auch persönliche Eigenschaften, die man nun einmal hat oder nicht. Auch hier gibt es im Zeugniscode bestimmte Formulierungen, die einer Benotungsskala von eins bis sechs zugeordnet werden können.

Note	Formulierung im Zeugnis
1 = sehr gut	Sein Verhalten war stets einwandfrei.
2 = gut	Sein Verhalten war einwandfrei.
3 = befriedigend	Ihr Verhalten war in Ordnung.
4 = ausreichend	Sein Verhalten war angemessen.
5 = mangelhaft	Er war ein umgänglicher Kollege.

Ebenso wie bei der Leistungsbeurteilung ist der Arbeitnehmer auch hier bei der Verhaltensbeurteilung der Meinung des Arbeitgebers (und möglicherweise seiner Kollegen) ausgesetzt. Auch an dieser Stelle soll sich der Arbeitgeber natürlich um **Objektivität** bemühen, aber da hier Sympathien und der sog. „Nasenfaktor“ durchaus eine Rolle spielen können, ist es wohl für den Zeugnisschreiber noch schwieriger, Freundliches über jemanden zu schreiben, mit dem er und/oder die Kollegen eigentlich auf der menschlichen, kollegialen Ebene Probleme hatten – aus welchen Gründen auch immer.

An diesem Punkt des Zeugnisses werden ja Eigenschaften benannt, die man üblicherweise auch im Privatleben hat und die man während der Stunden, die man an der Arbeitsstelle verbringt – welche ja tagsüber meistens sogar mehr sind als zu Hause –, auch nicht ablegen kann. Und wer eben charakteristisch ein komischer Eigenbrötler ist, kann nicht erwarten, dass er im Zeugnis eine Formulierung über seine „offene und herzliche" Art finden wird.

Aber auch bei der Beurteilung des Führungsverhaltens gilt der Grundsatz des **Wohlwollens**, der **Berufsförderung**, der **Vollständigkeit** und der **Wahrheit**. Das Dilemma ist also auch an dieser Stelle für den Zeugnisschreiber vorprogrammiert. „Querulant", „Opportunist", „aggressiver Kollege", „pingeliger Erbsenzähler" o. Ä. würde man in manchen Fällen ja gern schreiben, darf es aber natürlich nicht, weil das weder wohlwollend noch berufsfördernd für den Betroffenen sein wird. Also wird auch bei der Verhaltensbeurteilung ein Code verwendet, den man kennen sollte.

Beispiele für Verhaltensbeurteilungen

Sehr gute Verhaltensbeurteilung

BEISPIEL

Ihr Verhalten gegenüber der Geschäftsleitung war immer korrekt. Von Ihren Kollegen wurde sie wegen ihres freundlichen und kollegialen Wesens sehr geschätzt und war äußerst beliebt. Unseren Kunden war sie stets eine kompetente Ansprechpartnerin und genoss großes Vertrauen sowie höchste Anerkennung.

Hier wird in allen drei Bereichen, in denen es um menschliche Beziehungen im Arbeitsbereich geht, und die in der richtigen Reihenfolge (Arbeitgeber/Kollegen/Kunden) dargestellt sind, ein sehr gutes Verhalten bescheinigt.

BEISPIEL

Ihr Verhalten gegenüber der Geschäftsleitung und den Kollegen war stets vorbildlich. Sie war uns eine äußerst wertvolle Mitarbeiterin.

Wie im Leistungsbereich auch, ist das Zeitmoment wichtig (immer, stets) sowie die überschwängliche Bewertung (sehr, äußerst, groß, höchste).

Gute Verhaltensbeurteilungen

BEISPIEL

Ihr Verhalten gegenüber der Geschäftsleitung war immer korrekt. Von ihren Kollegen wurde sie wegen ihres freundlichen Wesens sehr geschätzt. Unseren Kunden war sie eine kompetente Ansprechpartnerin und genoss großes Vertrauen und Anerkennung.

Obwohl nur ein paar Wörter fehlen, ist diese Beurteilung nicht mehr so überschwänglich wie die sehr gute weiter oben.

Bei der „sehr guten" oder „guten" Verhaltensbewertung sind es immer mindestens zwei Sätze, in denen dem Arbeitnehmer eben nicht nur allgemein vorbildliches Verhalten attestiert wird, sondern noch eine Ergänzung besonderer Art (wie oben erwähnt) oder auch dadurch, dass eine besondere Charaktereigenschaft erwähnt wird:

- Wegen ihres freundlichen Wesens und ihrer Hilfsbereitschaft war sie bei allen sehr beliebt.
- Besonders hervorzuheben ist ihre Fähigkeit, bei schwierigen Entscheidungen im Unternehmen einen Konsens zu suchen und zu finden.

- Durch seine hervorragende Teamfähigkeit konnte er seine Kollegen immer wieder zu sehr guten Leistungen motivieren.

Haben Sie solche oder ähnliche Formulierungen in Ihrem Zeugnis, bescheinigt man Ihnen, dass man gern mit Ihnen zusammengearbeitet hat und Sie als Mitarbeiter und Kollegen wirklich geschätzt hat und Sie vielleicht sogar gern mochte.

Befriedigende / ausreichende / mangelhafte Verhaltensbeurteilung

- Sein Verhalten gegenüber seinen Vorgesetzten und Kollegen war korrekt.
- Seine Kooperation mit Vorgesetzten und Kollegen war zufriedenstellend.
- Aufgrund ihrer untadeligen Persönlichkeit und unbestrittenen Teamfähigkeit war sie sehr beliebt.
- Wir lernten ihn als umgänglichen Kollegen kennen.
- Er wurde von den Kollegen geschätzt.
- Mit seinen Vorgesetzten ist er gut zurechtgekommen.
- Es gab keinen Anlass zu Beanstandungen.
- Bei seinen Kollegen galt er als toleranter Mitarbeiter.

Diese oder ähnliche Formulierungen deuten darauf hin, dass man mit dem Kollegen im menschlichen Umgang Probleme hatte. Diskussionen mit dem Arbeitgeber über diese von ihm gewählten Formulierungen sind dann aussichtsreich, wenn Sie wirklich wissen, dass die Vorgesetzten und Kollegen eigentlich Ihre Freunde sind. Aber das weiß man ja nie.

Verhalten gegenüber Kunden und Geschäftspartnern
Wenn man bei seiner Tätigkeit Kundenkontakt hatte, sollte dies auch erwähnt werden. Bei einem Mitarbeiter im Vertrieb oder Einkauf ist dies unerlässlich und wäre bei Fehlen sog. „beredtes Schweigen“. In anderen Berufssparten (z. B. Mitarbeiter in der Produktion) kann natürlich darauf verzichtet werden, sodass dies keine schlechte Beurteilung darstellt.

Note	Formulierung im Zeugnis
Sehr gut	1. Sein Auftreten gegenüber unseren Kunden und Geschäftspartnern war stets vorbildlich. 2. Er wurde von unseren Geschäftspartnern sehr geschätzt.
Gut bis befriedigend	Er arbeitete mit unseren Geschäftspartnern gut zusammen und war wegen seiner guten Kontaktfähigkeit sehr geschätzt..
Eher ausreichend / mangelhaft	Sein Auftreten gegenüber unseren Geschäftspartnern war gut.

Obwohl in dem letzten Satz ein „gut“ steht, ist kein „gut“ gemeint. Der Satz ist schnörkellos und kühl, ihm fehlt die Wertschätzung, die in den sehr guten bis guten Formulierungen zu finden ist. Daher ist diese Formulierung als eher ausreichendes bzw. mangelhaftes Verhalten gegenüber Kunden und Geschäftspartnern zu bewerten.

Hervorheben besonderer Eigenschaften

Wenn besondere Eigenschaften erwähnt werden, findet der Zeugnisersteller sie meistens auch erwähnenswert – im positiven Sinne. Fehlen sie im Zeugnis, bedeutet dies aber nicht unbedingt automatisch einen Mangel am Führungsverhalten des Arbeitnehmers.

Note	Formulierung im Zeugnis
Sehr gut	Besonders hervorheben möchten wir sein ausgeprägtes Verhandlungsgeschick, das er immer für die Interessen des Unternehmens einsetzte.
Gut	Wir schätzen seine ausgeprägte Durchsetzungskraft.
Befriedigend	Erwähnenswert ist seine Überzeugungskraft und Durchsetzungsfähigkeit.

Anzumerken ist hier, dass unter vielen Arbeitsrechtlern, Arbeitgebern und Arbeitnehmern lediglich allgemeiner Konsens zu bestehen scheint, wie oben genannte Formulierungen gedeutet und interpretiert werden könnten oder sollten – nicht mehr und nicht weniger.

Vorsicht bei selbstgeschriebenen Zeugnissen

Es ist durchaus nicht unüblich, dass Arbeitnehmer an der Gestaltung und Formulierung ihres Zeugnisses mitwirken dürfen. Das hat für den Arbeitgeber den Vorteil, der möglicherweise lästigen Pflicht zu entkommen, und für den Arbeitnehmer, dass er das aufschreiben kann, was er über sich im Zeugnis lesen möchte.

Vorsicht: Es gibt aber deutliche Hinweise, woran Personaler erkennen können, dass das Zeugnis vom Arbeitnehmer selbst geschrieben wurde. Diese können sein:

- die Betonung der Eigenverantwortung und Selbstständigkeit:
  ...völlig selbstständig erledigte sie folgende Aufgaben....
- die Hervorhebung besonderer Herausforderungen:
  ....sie optimierte den Prozess...
- die subjektive Sichtweise, d. h. nicht die Anforderungen werden hervorgehoben, sondern die Problematik:
  ... eine besondere Herausforderung bestand im...
- zu viel Selbstlob auf Kosten des Unternehmens oder der Kollegen
  ... Nach nur kurzer Einarbeitungszeit war sie bereits in der Lage....
- übertrieben positive Formulierungen und sich wiederholende sehr gute Benotungen
  ... Trotz kurzer Einarbeitungszeit arbeitete sie immer völlig selbstständig und eigenverantwortlich und vermochte geschickt und eloquent die Interessen des Unternehmens positiv durchzusetzen...
- Vermischung der Tätigkeitsbeschreibungen mit den Bewertungen über Leistung und Verhalten:
  ... ihre Aufgabe bestand in der Vorbereitung der Vorstandssitzungen, was sie durch ihr besonderes Organisationstalent hervorragend bewältigte...
- Erfolgsmeldungen bereits im Einführungsteil
- viele Wiederholungen

MEIN TIPP

So praktisch es erscheinen mag, das eigene Zeugnis selber zu schreiben, so schwierig sind doch die richtige Selbsteinschätzung und die entsprechend passenden Formulierungen. Die Neigung zu Übertreibungen oder Hervorhebungen sollte stark eingeschränkt werden, da erfahrene Personalchefs durchaus erkennen können, ob man das Zeugnis selbst geschrieben hat. Um den Eindruck zu vermeiden, dass Sie das Zeugnis selbst geschrieben haben, sollten Sie Ihren Entwurf nicht nur vom Arbeitgeber einfach unterzeichnen lassen, sondern durchaus mit ihm diskutieren, ob er das auch so formulieren würde. Auf jeden Fall sollten Sie den Text von einem unbeteiligten Dritten, der sich mit der Zeugnissprache etwas auskennt, gegenlesen lassen.

Die eigene Befangenheit

Nach meiner Erfahrung wissen die meisten Arbeitnehmer sehr genau, wie sie ihre Arbeit gemacht haben und ob ihr Führungsverhalten angemessen war – unabhängig von möglicherweise jährlich stattfindenden Beurteilungsgesprächen. Deshalb ist man beim eigenen Zeugnis auch voreingenommen und subjektiv. Worte und Formulierungen versteht man vielleicht falsch, weil man Kritik bereits erwartet. Haben Sie einen Freund oder Bekannten, der sich durch seine berufliche Tätigkeit ein wenig in der Zeugnissprache auskennt, sollten Sie ihn das Zeugnis lesen lassen, ohne dass Sie ihm ihre eigene Meinung vorher dazu mitteilen. Sieht er die kritischen Punkte an denselben Stellen wie Sie, liegen Sie vermutlich richtig. Wenn nicht, waren Ihre Befürchtungen vielleicht überflüssig.

Das Wichtigste in Kürze

Ein Zeugnis muss wohlwollend, berufsfördernd und gleichzeitig wahr sein. Aus dieser Vorgabe der Rechtsprechung haben sich bestimmte Formulierungen für Leistung und Verhalten von Arbeitnehmern ergeben, die anhand einer Skala von 1 (sehr gut) bis 6 (sehr schlecht) bewertet werden. Der Arbeitnehmer hat Anspruch auf eine durchschnittliche, befriedigende Leistungsbeurteilung. Will er darüber hinaus eine bessere Beurteilung, muss er dies beweisen. In der Beurteilung hat der Arbeitgeber ein Ermessen und ist in den Formulierungen frei. Es haben sich in der Praxis jedoch bestimmte Formulierungen ergeben, die als allgemeiner Konsens für bestimmte Benotungen gelten können. Da diese nicht immer jedem Zeugnisschreiber bekannt sind, sollte nicht jedes einzelne Wort auf die Goldwaage gelegt werden, denn letztlich ist der Gesamteindruck des Zeugnisses entscheidend.

Die Trickkiste der Arbeitgeber

Zweideutige Formulierungen

Es gab ja bereits an mehreren Stellen des Buches Hinweise darauf, dass nicht alle Formulierungen und Sätze, die positiv klingen, auch tatsächlich so positiv sind. Ebenso war bereits davon die Rede, dass es sog. negative Grundsätze gibt, wonach bestimmte Details über den Arbeitnehmer im Zeugnis nicht genannt werden dürfen, die aber trotzdem auftauchen. Es muss aber auch an dieser Stelle noch einmal deutlich gesagt werden, dass nicht immer Absicht des Arbeitgebers dahinterstecken muss, sondern durchaus auch Unwissenheit gut Gemeintes ins Gegenteil verkehren kann. Es gibt ihn eben, den Zeugniscode zu bestimmten Aspekten der Leistung und des Verhaltens des Arbeitnehmers.

Dazu finden Sie hier in alphabetischer Reihenfolge ein paar Beispiele, die als Formulierungen eines allgemein anerkannten Zeugniscodes gelten können.

Alkohol

Er hat zur Verbesserung des Betriebsklimas beigetragen.

Der ungeübte Zeugnisleser denkt: Was für ein netter Kerl.

Der Zeugnis-Profi weiß: Er neigte wohl zu übertriebenem Alkoholkonsum. Die Formulierung deutet auch an, dass jemand gern Klatsch im Unternehmen verbreitet.

Beendigung des Arbeitsverhältnisses

Wir haben uns von Herrn A. im besten gegenseitigen Einvernehmen getrennt.

Der ungeübte Zeugnisleser denkt: Da gab es offenbar keinen Streit über die Beendigungsgründe.

Der Zeugnis-Profi weiß: „Im besten Einvernehmen" bedeutet, dass es Streit gab und der Arbeitgeber froh war, als es irgendwie – möglicherweise durch Vergleich in einem Rechtsstreit – beendet war (ausführlich zur Beendigung siehe Kapitel „Beendigung des Arbeitsverhältnisses", S. 79).

Betriebsrat / Gewerkschaftstätigkeit

Sie trat sowohl innerhalb als auch außerhalb unseres Unternehmens engagiert für die Interessen der Arbeitnehmer ein.

Der ungeübte Zeugnisleser denkt: Das ist aber mal eine nette Kollegin, die sich auch um die Belange anderer kümmert.

Der Zeugnis-Profi weiß: Da war jemand sowohl als Betriebsrat (innerhalb des Unternehmens) als auch als Gewerkschaftsfunktionär (außerhalb des Unternehmens) tätig. Streikteilnahme eingeschlossen.

Erfindungen

Sie zeichnete sich insbesondere dadurch aus, dass sie viele Verbesserungsvorschläge zur Arbeitsvereinfachung machte.

Der ungeübte Zeugnisleser denkt: Die Arbeitnehmerin hat sich aber mal richtig für das Unternehmen eingesetzt.

Der Zeugnis-Profi weiß: Die Dame war faul und suchte sich die einfachsten Arbeitswege.

Ehrlichkeit

Wir wollen nicht unerwähnt lassen, dass sie eine ehrliche Mitarbeiterin war.

Der ungeübte Zeugnisleser denkt: Nett, dass der Arbeitgeber das extra erwähnt.

Der Zeugnis-Profi weiß: Gerade weil diese eigentlich als Selbstverständlichkeit geltende Eigenschaft erwähnt wird, war entweder das Gegenteil der Fall oder der Zeugnisschreiber wusste nichts weiter Positives über die Arbeitnehmerin zu berichten.

Achtung: Das gilt nicht für Kassierer oder Bankangestellte, bei denen **Ehrlichkeit** üblicherweise für erwähnenswert gehalten wird, da dies für diese Berufe besonders wichtig ist.

Großspurigkeit

Seine Auffassungen wusste er intensiv zu vertreten.

Der ungeübte Zeugnisleser denkt: Den kann man gebrauchen, der wird sich durchsetzen, wenn es um unsere Unternehmensinteressen geht.

Der Zeugnis-Profi weiß: Hier hat er es mit einem vorlauten, besserwisserischen und womöglich unbelehrbaren Typen zu tun.

Kommunikation

Sie war eine äußerst kommunikative Mitarbeiterin.

Der ungeübte Zeugnisleser denkt: Solche Leute braucht man im Unternehmen, denn die Kommunikation der Kollegen untereinander ist für ein Unternehmen wichtig.

Der Zeugnis-Profi weiß: Die Dame verbreitete Klatsch und Tratsch und hielt die Kollegen vom Arbeiten ab.

Passiver Widerstand

Aufgrund ihres gelassenen Wesens war sie jeder Situation gewachsen.

Der ungeübte Zeugnisleser denkt: Da konnte jemand durch seine Ruhe bei chaotischen Zuständen im Unternehmen helfen.

Der Zeugnis-Profi weiß: Die Dame leistete bei allem passiven Widerstand durch Nichtstun.

Pünktlichkeit

Er war immer pünktlich.

Der ungeübte Zeugnisleser denkt: Vermutlich ist es in dem Unternehmen sehr wichtig, pünktlich zu sein.

Der Zeugnis-Profi weiß: Außer Pünktlichkeit – gemeinhin als eine Selbstverständlichkeit im Arbeitsleben erwartet – gibt es über den Arbeitnehmer nichts Positives zu berichten.

Sexualverhalten

Er bewies für die Belange der Mitarbeiter stets (umfassendes) Einfühlungsvermögen.

Der ungeübte Zeugnisleser denkt: Dies scheint ein freundlicher, netter Kollege zu sein.

Der Zeugnis-Profi weiß: Er suchte oder hatte sexuelle Kontakte, wobei der Zusatz „umfassend“ auf beiderlei Geschlechter hindeutet.

Sprücheklopfer

Er war tüchtig und wusste sich gut zu verkaufen.

Der ungeübte Zeugnisleser denkt: Tüchtigkeit ist eine Tugend, der Mitarbeiter wird was draufhaben.

Der Zeugnis-Profi weiß: Er war nichts weiter als ein Schaumschläger und Wichtigtuer, der von seinem Job keine Ahnung hatte.

Verbesserungsvorschläge

Er machte viele Verbesserungsvorschläge.

Der ungeübte Zeugnisleser denkt: Die Verbesserungsvorschläge haben dem Unternehmen sicher weitergeholfen.

Der Zeugnis-Profi weiß: Hier hat er es mit einem Querulanten zu tun, der ständig herumnörgelt. Positiv hätte der Satz nämlich ergänzt werden müssen, z. B. durch den Zusatz: ..., *die wir auch erfolgreich umsetzen konnten.*

Witzbold

Er sorgte mit seinem humorvollen Wesen für ein gutes Betriebsklima.

Der ungeübte Zeugnisleser denkt: Scheint sich um einen lustigen Kerl zu handeln, den alle mochten.

Der Zeugnis-Profi weiß: Der Mann ging allen mit seinen Witzen auf die Nerven.

Der ungeübte Zeugnisleser mag jetzt denken, dass die oben genannten Formulierungen ja ein Super-Trick sind, um all die Dinge über einen Arbeitnehmer mitzuteilen, die doch eigentlich im Zeugnistext tabu sein sollen. Denn hier wird doch mit wohlwollenden, positiv klingenden Worten die Wahrheit gesagt!

Der Zeugnis-Profi weiß jedoch: All die oben aufgeführten Formulierungen sind für den Zeugnisschreiber **nicht zulässig** und der Arbeitnehmer hat einen **Anspruch auf Streichung** dieser Sätze im Zeugnis. Sie sind in der Zeugnissprache eben nicht wohlwollend und berufsfördernd, sondern sagen – wie wir gesehen haben – etwas Negatives über den Arbeitnehmer aus. Arbeitnehmer müssen doppeldeutige Bemerkungen im Zeugnis nicht hinnehmen (vgl. LAG Frankfurt 16. 6. 1998 – 9 Sa 132/98).

… und andere Tricks

Haben sich bestimmte Formulierungen für bestimmte Leistungs- bzw. Verhaltensbewertungen mehr oder weniger herumgesprochen, so sind andere Tricks, mit denen Arbeitgeber negative Signale an den neutralen Leser senden, nicht so bekannt. Deshalb muss auch an dieser Stelle noch einmal betont werden, dass der Zeugnisaussteller nicht immer zielgerichtet die Aussagen machen möchte, die im Folgenden als negative Bewertung dargestellt werden.

Es wird Ihnen nun eine Auswahl weiterer Tricks, die in Zeugnistexten vorkommen können, gegeben.

Die Trickkiste der falschen Reihenfolge

BEISPIEL

Ihr Verhalten gegenüber Vorgesetzten und Kollegen war stets einwandfrei.

Der obige Satz hat auch hinsichtlich der richtigen Reihenfolge eine wichtige Bedeutung, die mittlerweile fast allen im Arbeitsleben Stehenden bekannt ist oder jedenfalls bekannt sein sollte. Lautet der Satz wie oben, ist alles in Ordnung. Zunächst ist der Vorgesetzte, d. h. Arbeitgeber, zu nennen. Er ist schließlich als Zeugnisaussteller derjenige, der seine Meinung über Leistung und Führung des Arbeitnehmers abgibt – nicht die Kollegen.

BEISPIEL

Sein Verhalten gegenüber Kollegen und Vorgesetzten war stets einwandfrei.

Die Verdrehung der Reihenfolge ist manchmal erst auf den zweiten Blick zu erkennen und sagt aus, dass der Arbeitnehmer mit den Kollegen zurechtkam, aber mit den Vorgesetzten gerade nicht. Und da es im Arbeitsleben nun einmal mehr auf die Meinung des Arbeitgebers ankommt als auf die der Kollegen, ist dies eine schlechte Bewertung und deutet auf Schwierigkeiten mit den Vorgesetzten hin.

Der Inhalt des qualifizierten Zeugnisses ist – wie oben bereits ausgeführt – in einer bestimmten Reihenfolge aufzuschreiben:

1. Einleitung
2. persönliche Daten
3. Angaben zum Unternehmen
4. Tätigkeitsbeschreibung
5. Leistungsbeurteilung
6. Verhaltensbeurteilung
7. Beendigungsformel

Wird die Reihenfolge verändert, indem z. B. das Verhalten vor der Leistung beurteilt wird, kann man davon ausgehen, dass es bei allen positiven Formulierungen über das Verhalten des Arbeitnehmers doch gewisse Differenzen zwischen Arbeitgeber und Arbeitnehmer gab.

Die Trickkiste des Weglassens

Bestimmte Angaben erwartet der neutrale Zeugnisleser zu bestimmten Tätigkeiten oder zum Führungsverhalten. Werden diese im Zeugnis nicht erwähnt, wird das üblicherweise als schlechte Benotung gewertet.

BEISPIEL

Sie wurde wegen ihrer freundlichen und offenen Art von unseren Kunden sehr geschätzt.

Bei einer Verkäuferin werden Freundlichkeit und eine positive Bewertung zum Kundenkontakt erwartet. Fehlt ein solcher oder ähnlicher Satz, war es mit der Freundlichkeit nicht weit her.

BEISPIEL

Als Vorgesetzter hat er seine Mitarbeiter stets zu sehr guten Leistungen motiviert und wurde von ihnen sehr geschätzt.

Bei einer Führungskraft mit Personalverantwortung muss erwähnt werden, wie er mit seinen Mitarbeitern umgegangen ist. Wurde dies weggelassen, kann man davon ausgehen, dass seine Führungsfähigkeiten nicht sehr ausgeprägt waren.

Fehlt die Nennung des Beendigungsgrundes, gibt dies Anlass zu Spekulationen. Der Zeugnisleser kann aber davon ausgehen, dass der Arbeitnehmer nicht freiwillig aus dem Unternehmen ausschied (Näheres zu den Beendigungsgründen siehe Kapitel „Beendigung des Arbeitsverhältnisses“, S. 79).

Beim Führungsverhalten muss es eine Bewertung sowohl über das Verhältnis zu den Vorgesetzten als auch zu den Kollegen geben. Fehlt es an einem, deutet das auf Probleme mit den nicht genannten Personen hin.

Die Trickkiste der passiven Formulierungen

Sehen Sie sich die beiden folgenden Sätze genauer an:
Sie war bei uns als Sekretärin beschäftigt. – Sie wurde bei uns als Sekretärin beschäftigt.

Beim Vergleich der beiden Sätze fällt dem Germanisten oder geübten Sprachwissenschaftler durchaus ein kleiner, aber feiner Unterschied in der Bedeutung auf. Der erste Satz drückt aktiv die Tätigkeit aus, im zweiten Satz wird die Tätigkeit passiv beschrieben. Durch die passive Formulierung im Zeugnis kann angedeutet werden, dass der Arbeitnehmer eher unselbstständig und lediglich auf Anweisung das getan hat, was getan werden musste. Die Formulierung im Aktiv hingegen soll bedeuten, dass jemand selbstständig und initiativ – eben aktiv – in seinem Job tätig war.

Das Gleiche soll gelten für: *Wir übertrugen ihr die Aufgaben als Sekretärin. / Wir betrauten sie mit den Aufgaben einer Sekretärin.*

Auch die folgende Formulierung muss kritisch betrachtet werden: *Wir lernten sie als zuverlässige und freundliche Mitarbeiterin kennen.*

Dies soll bedeuten, dass die Mitarbeiterin gerade nicht zuverlässig und freundlich war, sonst hätte der Arbeitgeber geschrieben: *Sie war stets freundlich und zuverlässig* (LAG Hamm, NZA 2002, Seite 624).

Derartige Spitzfindigkeiten sind vielleicht ein wenig übertrieben. Es gibt Menschen – auch Personalchefs –, die den Stil der passiven Beschreibungen durchweg verwenden, praktisch seit der Schulzeit, in der man dafür beim Deutschaufsatz gelobt wurde. Die deutsche Sprache lässt im Gegensatz zur englischen – in der ein Begriff viele wirklich verschiedene Bedeutungen haben kann – derartige Feinsinnigkeiten zu. Ob dem Benutzer der Formulierung dieser Unterschied sowohl in grammatikalischer als auch in inhaltlicher Hinsicht selbst tatsächlich bewusst ist, darf manchmal durchaus bezweifelt werden. Zahlreiche Verfasser von Zeugnistexten kennen ganz offensichtlich weder die gängigen grammatikalischen Grundsätze noch die der Rechtschreibung. Der Unterschied zwischen aktiven und passiven Formulierungen und ihre Bedeutung für das Zeugnis wird diesen Verfassern vermutlich daher nicht bekannt sein.

MEIN TIPP

Mit anderen Worten: Man sollte aus meiner Sicht in die Verwendung passiver Verben oder passiver Formulierungen im Zeugnis nicht allzu viel hineininterpretieren – vorausgesetzt, Leistungs- und Führungsbeurteilung sind positiv bewertet und formuliert. Es kommt eben auf den Gesamteindruck an.

Die Trickkiste der kurzen Sätze

BEISPIEL

Er war zuständig für die Buchhaltung.

Eine Formulierung wie diese ist wegen Schnörkellosigkeit und Kürze dürftig und lässt auf schlechte Leistungen schließen.

Kurze Sätze vermitteln dem Leser eine **Distanziertheit** des Verfassers und den Eindruck von wenig Herzlichkeit und Wärme. Es muss nicht stimmen, aber der beschriebene Arbeitnehmer kommt nicht sympathisch rüber, weil Adjektive oder Adverbien, die seine Tätigkeit oder ihn selbst näher beschreiben, fehlen. Das heißt nicht, dass es im Zeugnis langer, verschlungener Sätze bedarf, um einen Arbeitnehmer positiv zu beschreiben. Wie so oft ist auch hier das kluge Mittelmaß gefragt.

Die Trickkiste der Widersprüche

Ich hatte bereits am Anfang darauf hingewiesen, dass das Zeugnis eine **Gesamtbewertung** über Leistung und Führungsverhalten des Arbeitnehmers enthalten soll. Und diese Gesamtbewertung muss **in sich stimmig sein**, d. h. alle Teile müssen zueinander passen, also die gleiche Bewertung haben, damit das Zeugnis als „gut“ oder „sehr gut“ in der Bewertung gilt. Wird die Leistung mit „stets zur vollsten Zufriedenheit“ benotet, lautet aber die Führungsbeurteilung kurz und knapp „Sein Verhalten gegenüber den Kollegen war stets einwandfrei“ (hier fehlt die Erwähnung des Verhaltens gegenüber den Vorgesetzten), fällt die gute Beurteilung insgesamt in sich zusammen und das gesamte Zeugnis ist nur noch durchschnittlich. Wird der Arbeitnehmer im Zeugnis mit großen Worten insgesamt überschwänglich gelobt und gepriesen, lautet aber die Abschlussformel kurz und schmallippig „Er verlässt unser Unternehmen auf eigenen Wunsch“, ist klar, dass man im Unternehmen eher begeistert war, dass der Arbeitnehmer aus freien Stücken ging. Es muss eben alles zusammenpassen, nur dann handelt es sich um ein wirklich sehr gutes Zeugnis.

Raum für Spekulationen

Hervorhebung banaler Tätigkeiten

Ist die Leistungsbeurteilung an sich „sehr gut“ bis „gut“, werden aber in der Tätigkeitsbeschreibung für eine Führungskraft u. a. banale Tätigkeiten wie „Terminplanung und Organisation von Meetings“ aufgezählt, passt auch dies nicht zusammen: die Tätigkeit einer Führungskraft ist üblicherweise nicht die logistische Vorbereitung von Meetings, sondern die inhaltliche. Der Zeugnisverfasser sendet also das Signal, dass der Arbeitnehmer an sich in seiner von ihm erwarteten Tätigkeit und Leistung nicht sonderlich hilfreich im Unternehmen war, selbst wenn er in anderen Teilen des Zeugnisses lobende Worte findet.

Trick der unstrukturierten Aufzählung

In die gleiche Kategorie wie die Hervorhebung banaler Tätigkeiten gehört die **unstrukturierte Aufzählung von Tätigkeiten**. Wer mit der am wenigsten bedeutsamen anfängt, will womöglich ausdrücken, dass auch der Arbeitnehmer Wichtiges nicht von Unwichtigem unterscheiden konnte und eher chaotisch war.

BEISPIEL

Gern bestätigen wir, dass Frau S. stets sehr gute Arbeit geleistet hat.

Die sehr gute Benotung wird durch die Einleitung „Gern bestätigen wir,..." herabgesetzt, ja eigentlich ins Gegenteil verkehrt. Es wird der Eindruck vermittelt, als sei der Zeugnisverfasser eher zu dieser sehr guten Beurteilung gedrängt worden, als dass er sie freiwillig abgegeben hätte. Das „gern" vorweg rettet da auch nichts mehr. Ähnlich ist es mit der folgenden Formulierung:

BEISPIEL

Zusammenfassend können wir feststellen, dass Frau S. stets sehr gute Arbeit geleistet hat.

Auch bei dieser Formulierung hebt die Eingangsformulierung die an sich sehr gute Benotung auf.

Weitere mögliche (negative) Rückschlüsse auf Arbeitnehmer

BEISPIEL

Ferner konnten wir ihm den Teilbereich Logistik übertragen.

Eine solche Formulierung kann entweder bedeuten, dass dieser Bereich nicht von besonderer Wichtigkeit im Unternehmen ist und man den Arbeitnehmer in die Logistik „abgeschoben“ hat. Sie kann aber auch andeuten, dass man mit einer anderen zusätzlichen Aufgabe versucht hat, den Mitarbeiter an den Arbeitsplatz zu versetzen, an dem er am ehesten der Erwartungshaltung des Unternehmens entsprechende Leistungen bringen sollte.

BEISPIEL

Herr K. verlässt uns auf eigenen Wunsch, um sich finanziell zu verbessern.

Hier ist der Beendigungsgrund zwar eine Eigenkündigung, die Formulierung des – allein finanziellen – Motivs wertet den Arbeitnehmer aber charakterlich ab.

Beendigung des Arbeitsverhältnisses

Beendigungsgründe

Die meisten Arbeitgeber interessieren sich für die Gründe der Beendigung eines Arbeitsverhältnisses. Schließlich möchte man wissen, ob der Arbeitnehmer selbst gekündigt hat und am liebsten auch, warum. Oder ob dieser gekündigt wurde und aus welchen Gründen. War es sein Verschulden oder waren es betriebsbedingte Gründe, für die er nichts konnte und die nicht in seinem Einflussbereich standen? Hat er gegen die Kündigung geklagt, gab es einen Vergleich vor Gericht oder einen Aufhebungsvertrag? Hat man sich über die Beendigung gestritten oder ist man im Guten auseinandergegangen? Schließlich könnte man daraus Rückschlüsse sowohl auf die Person und den Charakter des Arbeitnehmers als auch auf die möglichen zukünftigen Beendigungsmodalitäten bei einem selbst ziehen.

Im Allgemeinen ist es nicht üblich, im Zeugnis darauf hinzuweisen, wer das Arbeitsverhältnis beendet hat. Kündigungsart und Kündigungsschutzverfahren im Zeugnis zu nennen würde gegen den Grundsatz des Wohlwollens verstoßen. Tatsächlich finden sich Beendigungsgründe aber fast immer im Zeugnis.

Sie sollen sogar im Zeugnis genannt werden, wenn das Arbeitsverhältnis durch die eigene Kündigung des Arbeitnehmers sein Ende gefunden hat, denn dies könnte sich positiv auf seine weiteren Bewerbungen auswirken (LAG Köln 29.11.1990 – 10 Sa 801/90):

BEISPIEL

Herr A. verlässt uns auf eigenen Wunsch zum 31. Dezember, um sich beruflich zu verändern.

Schwieriger positiv zu formulieren wird es dann, wenn der Arbeitnehmer aus verhaltensbedingten Gründen oder sogar fristlos vom Arbeitgeber gekündigt wurde. In diesem Fall ist folgender Satz üblich: *Das Arbeitsverhältnis von Herrn B. endete am 30. August 2016.*

Diese Aussage lässt den Leser meist ratlos zurück. Warum endete das Arbeitsverhältnis? Wurde die Frist eingehalten? Was hat der Arbeitnehmer angestellt? War es ein befristetes Arbeitsverhältnis? Allgemein wird angenommen, dass es sich hier um eine Kündigung des Arbeitgebers handelt, die durch ein Verhalten des Arbeitnehmers veranlasst wurde.

Betriebsbedingte und betriebliche Kündigungsgründe

BEISPIEL

Das Arbeitsverhältnis endet fristgemäß aus betriebsbedingten Gründen wegen Umstrukturierung zum 30. August 2016.

Hier zeigt der Zeugnisverfasser sehr deutlich, dass die Gründe für die Beendigung in seiner arbeitgeberseitigen Sphäre lagen, nämlich betriebsbedingt. Die Fürsorgepflicht des Arbeitgebers gebietet es, den betriebsbedingten Beendigungsgrund zu konkretisieren, z. B. Beendigung aufgrund Geschäftsaufgabe oder Umstrukturierung (LAG Hamm 21. 12. 1993 – 4 Sa 1077/93).

BEISPIEL

Das Arbeitsverhältnis endet fristgemäß aus betrieblichen Gründen am 30. August 2016.

Diese Formulierung sagt alles und nichts aus, deutet aber an, dass es nicht betriebsbedingte Gründe für die Beendigung sind, sondern doch eher vom Arbeitnehmer ausgehende. Denn „betrieblich" ist nicht dasselbe wie „betriebsbedingt". Betriebliche Gründe können in der Person oder im Verhalten des Arbeitnehmers begründet sein, weil er z. B. betrieblich nicht mit seinen Kollegen klarkommt. Diese Formulierung wird auch häufig in Aufhebungsverträgen verwendet, um für den Arbeitnehmer eine Sperrfrist[3] bei der Agentur für Arbeit zu vermeiden – was aber nicht immer klappt.

3 *Gem. § 148 SGB III mindert sich der Anspruch auf Arbeitslosengeld um 12 Wochen, wenn der Arbeitnehmer sein Arbeitsverhältnis selbst kündigt oder verhaltensbedingt gekündigt wird.*

Beendigung des Arbeitsverhältnisses im gegenseitigen Einvernehmen

Gegenseitiges Einvernehmen

BEISPIEL

Das Arbeitsverhältnis wurde im gegenseitigen Einvernehmen fristgemäß zum 30. August 2016 beendet.

Hier kann es wirklich gegenseitiges Einvernehmen sein, aber auch die Beendigung durch einen Rechtsstreit. Realistisch betrachtet ist dem sog. gegenseitigen Einvernehmen meistens ein Anlass (Umstrukturierung beim Arbeitgeber/Fehlverhalten des Arbeitnehmers) vorausgegangen, und erst danach haben die Parteien – zu welchen Bedingungen auch immer, aber meistens gegen Zahlung einer Abfindung durch den Arbeitgeber – ein gegenseitiges Einvernehmen gefunden. Man würde gerne wissen, worüber man Einvernehmen erzielen musste und zu welchen Bedingungen dies gefunden wurde. Hinweise könnten sich natürlich aus dem übrigen Zeugnisinhalt ergeben.

Verlangt der Arbeitnehmer eine solche Formulierung nach einem gerichtlichen Vergleich in einem Kündigungsschutzprozess, soll der Arbeitgeber dazu verpflichtet sein, dies ausdrücklich in das Zeugnis zu schreiben (LAG Baden-Württemberg 9.5.1968 – 4 Sa 22/23/68).

Im besten gegenseitigen Einvernehmen

BEISPIEL

Wir haben uns von Herrn A. im besten gegenseitigen Einvernehmen getrennt.

Diese Formulierung hat einen ganz anderen Aussagewert als die vorige. Man könnte denken, dass es hier wirklich keinen Streit über die Beendigungsgründe gab. Aber das Gegenteil ist der Fall: „Im besten Einvernehmen" bedeutet, dass es Streit gab und der Arbeitgeber froh war, als das Arbeitsverhältnis endlich irgendwie – möglicherweise durch Vergleich in einem Rechtsstreit – beendet war. Zudem schwebt in der Formulierung ein Hauch Ironie mit, der in einem Zeugnis nichts zu suchen hat.

„Krummes" Datum

BEISPIEL

Das Arbeitsverhältnis endet im gegenseitigen Einvernehmen am 13. August 2016.

Diese Beendigung verlief vermutlich alles andere als in einem gegenseitigen Einvernehmen. Dies erkennt man allein am „krummen" Datum. Alle Kündigungsfristen (außer in einigen Tarifverträgen) enden am jeweils 15. eines Monats oder am Ende des Monats (§ 622 BGB). Das Datum (13. August) weist deutlich darauf hin, dass es sich um eine **fristlose Kündigung** handelt. Dies bedeutet üblicherweise weiterhin, dass der Arbeitnehmer sich etwas hat zuschulden kommen lassen, das mehr oder weniger im strafrechtlichen Bereich angesiedelt ist (Diebstahl, Untreue). Fristlose Kündigungen durch den Arbeitgeber z. B. aus betriebsbedingten Gründen sind nämlich unwirksam. Da die fristlose Kündigung allein am Datum zu erkennen ist, darf der Arbeitgeber keine weiteren Hinweise auf die fristlose Kündigung des Arbeitsverhältnisses geben (vgl. LAG Düsseldorf 22. 1. 1988 – 2 Sa 1654/87).

MEIN TIPP

Möchten Sie selbst so schnell wie möglich das Arbeitsverhältnis beenden, weil Sie einen neuen, besseren Job gefunden haben und dort sofort anfangen können, denken Sie bitte gut über das Datum des Beschäftigungsendes nach. Ein merkwürdiges Datum – wie z. B. 3. Dezember oder 4. Juli – findet sich ja nicht nur im Zeugnis, sondern auch im Lebenslauf wieder und wird immer Fragen bei Personalchefs aufwerfen.

Beendigung eines befristeten Arbeitsverhältnisses

Viele Arbeitnehmer haben ein befristetes Arbeitsverhältnis nach dem Teilzeit- und Befristungsgesetz, mal mit, mal ohne sachlichen Grund. Oft wird diese Zeit als verlängerte Probezeit betrachtet und nach Ablauf der Befristung wird der Arbeitnehmer bei guter Bewährung in ein unbefristetes Arbeitsverhältnis übernommen. Ist dem nicht so, gibt es natürlich auch einen Zeugnisanspruch. Meistens steht bereits im Eingangssatz der Zeitraum der Befristung.

BEISPIEL

Herr A. war für den Zeitraum vom 1. Januar bis 30. September 2016 in einem befristeten Arbeitsverhältnis als Sachbearbeiter im Einkauf tätig.

Bei der Beendigungsformulierung sollte es dann heißen:

BEISPIEL

Das Arbeitsverhältnis endet ordnungsgemäß durch Befristung am 30. September 2016.

Ganz wichtig: die Schlussformel

Es war ja schon an mehreren Stellen die Rede davon, dass Zeugnisse größtenteils die Bewertung „sehr gut“ oder „gut“ enthalten. Sie haben sicher auch schon festgestellt, dass sich die Formulierungen – auch aus der Trickkiste – gleichen. Das hat dazu geführt, dass immer mehr Wert auf die sog. **Schlussformel** gelegt wird. Es gibt nicht wenige Personalchefs, die Zeugnisse von hinten lesen. Wie bereits beschrieben, kann man am Datum der Ausstellung möglicherweise erkennen, dass es sich um eine fristlose Kündigung handelte.

Wichtiger aber noch als das Datum ist die Schlussformel. Denn es gilt als allgemeiner Konsens: **Je herzlicher und freundlicher die Schlussformel, desto besser der Arbeitnehmer**. Da das Zeugnis ein einheitliches Ganzes bildet, müssen aber natürlich sowohl Leistungs- als auch Führungsbeurteilung immer zur Schlussformel passen. Mit einer kurzen Schlussformel kann der Zeugnisschreiber das vorher schön Geredete komplett ins Gegenteil verkehren – und umgekehrt.

Wird eine Schlussformel verwendet, muss sie mit dem übrigen Zeugnis in Einklang stehen, denn vorher unterlassene negative Urteile dürfen nicht versteckt mithilfe der Schlussformel nachgeholt werden (LAG Hamm 12. 5. 1991 – 4 Sa 156/91).

Elemente und Besonderheiten

Für eine sehr gute Beurteilung muss die Schlussformel aus vier Teilen bestehen:

- den Beendigungsgründen
- der Bedauernsformel
- der Dankesformel
- den Zukunftswünschen (beruflich und privat)

Es muss also nach den oben aufgeführten Beendigungsgründen immer noch etwas anderes folgen, das dem Zeugnisleser durchaus emotional mitteilt, dass man den Arbeitnehmer nur ungern ziehen lässt.

Allerdings: Kein Arbeitgeber kann dazu verpflichtet werden, sich bei einem Arbeitnehmer zu bedanken geschweige denn zu bedauern, dass er das Unternehmen verlässt. Das Fehlen einer Schlussformel ist kein unzulässiges Geheimzeichen im Sinne der Zeugnissprache (BAG vom 20. 2. 2001 – 9 AZR 44/00). Deswegen ist der Arbeitgeber völlig frei und hat einen **großen Beurteilungsspielraum**, was er in die Schlussformel schreibt und wie er sie formuliert.

Umso wichtiger und bedeutungsvoller ist es für den Zeugnisleser, wenn gerade **Bedauern und Dank** – die der Arbeitgeber ja nun wirklich freiwillig ans Ende des Zeugnisses setzen kann – in der Schlussformel zum Ausdruck kommen. Damit wird dem Arbeitnehmer ein sehr gutes Zeugnis ausgestellt – vorausgesetzt natürlich, alles passt zusammen und der Gesamteindruck stimmt.

BEISPIEL

Wir danken Frau A. sehr für ihre stets außerordentlich guten Leistungen und bedauern ihr Ausscheiden sehr. Für Ihren weiteren Lebensweg wünschen wir ihr beruflich und privat alles Gute und weiterhin viel Erfolg.

oder

Frau A. verlässt uns auf eigenen Wunsch, um sich neuen Aufgaben in einem anderen Unternehmen zu widmen. Sie hat sich in unserem Unternehmen bleibende Verdienste erworben. Wir danken ihr für die stets sehr gute Zusammenarbeit und bedauern ihr Ausscheiden außerordentlich. Wir wünschen ihr an der neuen Wirkungsstätte alles Gute, viel Glück und Erfolg.

Mit solchen oder ähnlichen Formulierungen wird dem Arbeitnehmer bescheinigt, dass es sich wirklich um einen sehr guten Arbeitnehmer handelt. Die guten Wünsche fürs Privatleben – das ja eigentlich im Zeugnis nichts zu suchen hat – bedeuten an dieser Stelle eine **besondere Wertschätzung** des Arbeitnehmers.

Vorsicht: Zu dick darf auch nicht aufgetragen werden; dann wird die Schlussformel unglaubwürdig und könnte sich hinsichtlich ihrer Wirkung ins Gegenteil verkehren, weil sie ironisch klingt oder der Eindruck erweckt wird, dass man den Arbeitnehmer „weggelobt" hat.

BEISPIEL

Wir danken Herrn. B. für seine stets guten Leistungen und würden ihn jederzeit wieder einstellen. Beruflich und privat wünschen wir ihm alles Gute.

Diese Schlussformel ist eine gute bis befriedigende Bewertung. Der Arbeitgeber verkneift sich Dank und Bedauern, versichert aber, den Arbeitnehmer jederzeit wieder einzustellen.

BEISPIEL

Wir danken Herrn C. für die jederzeit guten Leistungen und wünschen ihm für seine berufliche Zukunft weiterhin alles Gute.

oder

Wir bedauern sein Ausscheiden und wünschen ihm weiterhin alles Gute für seine berufliche Zukunft.

In diesen beiden Formulierungen fehlt jeweils ein Punkt (Bedauern oder Dank), sodass die Gesamtbewertung eher ein „befriedigend“ ist.

BEISPIEL

Wir wünschen Frau D. für ihre neue Aufgabe außerhalb unseres Unternehmens alles Gute.

Dieser Satz beinhaltet durch die Formulierung „außerhalb unseres Unternehmens“ den Hinweis, dass man froh ist, dass die Dame im eigenen Unternehmen nichts mehr zu verrichten hat.

BEISPIEL

Wir hoffen, dass Herr F. in einem neuen Unternehmen eine seinen Fähigkeiten entsprechende Tätigkeit findet.

Dies ist der deutliche Hinweis, dass es im eigenen Unternehmen eher nicht so war, also eine schlechte Benotung.

BEISPIEL

Wir wünschen Frau G. für die Zukunft nur das Allerbeste.

Ein solcher Satz strotzt vor Ironie und ist ebenfalls eine schlechte Gesamtbeurteilung.

Es soll in der Schlussformel eines Zeugnisses der Satz aufgetaucht sein: *Er hinterlässt eine Lücke, die wir nicht schließen müssen.*

Über die Kreativität des Zeugnisverfassers kann man schmunzeln, aber natürlich ist solch eine Formulierung nicht zulässig.

Schlussformel im Zwischenzeugnis

Bei einem Zwischenzeugnis ist das Arbeitsverhältnis ja noch nicht beendet, sondern besteht weiterhin fort. Deswegen kann man sich als Arbeitgeber zwar bedanken, aber nichts bedauern. Wünschenswert aus Sicht des Arbeitnehmers ist aber, dass man sich eine weitere Zusammenarbeit mit ihm erhofft. Die Schlussformel sollte deshalb lauten:

BEISPIEL

Das Zwischenzeugnis wird auf Wunsch von Herrn A. ausgestellt. Wir bedanken uns für die bisherigen sehr guten Leistungen und die wertvolle Mitarbeit in unserem Unternehmen und hoffen auf weitere gute Zusammenarbeit.

Das Wichtigste in Kürze

Bei allen Hinweisen, Andeutungen und Tricks im Zeugnistext hat mittlerweile die Schlussformel an erheblicher Bedeutung gewonnen. Enthält sie nicht nur die Beendigungsgründe, sondern Dank, Bedauern sowie Zukunftswünsche und ist sie zudem herzlich und nicht übertrieben oder ironisch formuliert, scheint es sich um einen sehr guten Arbeitnehmer zu handeln, den man nur ungern ziehen lässt – vorausgesetzt, diese Schlussformel passt zu den vorausgegangenen sehr guten Leistungs- und Führungsbewertungen.

Die Frage aller Fragen: Gibt es Geheimzeichen?

Eigentlich ja, denn wenn man sich die Formulierungen und die Hinweise der vorangehenden Seiten ansieht, dann ist die ganze Zeugnissprache eine Art Geheimsprache mit Worten und Formulierungen, deren Logik sich nicht jedem unmittelbar erschließt.

Unter Geheimzeichen werden aber allgemein bestimmte „Zeichen" – also keine Formulierungen – verstanden.

Früher soll es üblich gewesen sein, bei einem Arbeitnehmer, der Betriebsrat oder aktiver Gewerkschafter war, vor der Unterschrift des Arbeitgebers einen Schrägstrich zu platzieren.

Als Geheimzeichen wird auch das Unterstreichen der Telefonnummer des Arbeitgebers auf dem Geschäftspapier angesehen. Angeblich soll es signalisieren, dass man gern anrufen soll, um die tatsächliche Beurteilung des Arbeitgebers über den Arbeitnehmer am Telefon zu besprechen.

Ein Smiley mit heruntergezogenen Mundwinkeln neben der Unterschrift soll als unzulässiges Geheimzeichen gelten. Das Arbeitsgericht Kiel entschied in einem Fall, dass ein Smiley mit heruntergezogenen Mundwinkeln in der Unterschrift des ehemaligen Arbeitgebers eine negative Aussage enthält und deshalb vom Arbeitnehmer nicht hingenommen werden muss. Der Arbeitgeber gab vor Gericht an, dass er neben seine Unterschrift immer ein Smiley setze. Daraufhin musste der Arbeitgeber – kurioserweise – sein Smiley mit heruntergezogenen Mundwinkeln durch ein lachendes Smiley im Zeugnis ersetzen (ArbG Kiel 18. 4. 2013 – 5 Ca 80b / 13).

Tatsächlich halte ich die Verwendung von Geheimzeichen heutzutage für eher unwahrscheinlich. Da – wie bereits oben erwähnt – es ohnehin schon schwierig genug sein dürfte, dass alle die „Geheimsprache" der Zeugnisse richtig deuten, würden einzelne Zeichen wohl noch schwieriger zu erkennen und vor allen Dingen zu verabreden sein.

Telefonisches Nachfragen

An dieser Stelle haben Sie sicher schon gemerkt, dass die Liste der Tricks, Täuschungen und Manipulationen für einen Zeugnistext ziemlich lang ist. Es können nicht alle Möglichkeiten in diesem Buch aufgezählt werden. Ich habe schon erwähnt, dass man trotzdem nicht davon ausgehen kann, dass wirklich alles so gemeint ist, wie im Zeugnis geschrieben. Die deutsche Sprache hat vielzählige Möglichkeiten, mit sehr feinsinnigen Abstufungen in Wörtern und Sätzen das Gegenteil von dem zu formulieren, was man meint. Es darf aber nicht vorausgesetzt werden, dass jeder mit der deutschen Sprache so umgehen kann, wie hier beschrieben wird, und so tiefsinnige Sätze von sich gibt wie bekannte deutsche Schriftsteller, über deren Auslegung von Sätzen sich ja bekanntlich auch Kritiker und Rezensenten oftmals streiten.

Und manchmal kann man durchaus darüber philosophieren, ob Autoren immer wissen, was sie von sich geben, oder ob nicht der Leser viel zu viel hineininterpretiert. So ist es auch mit den Zeugnissen. Unabhängig davon, dass es Gerichtsurteile gibt, die bestimmten Formulierungen eine ganz bestimmte Bedeutung geben und damit nun mal – weil als Gerichtsurteil vorliegend – zu berücksichtigen sind, schwebt über allem diese berüchtigte Frage: „Was will uns der Verfasser dieser Sätze sagen?“

Oft möchte man deshalb am liebsten den Telefonhörer in die Hand nehmen, den Zeugnisverfasser anrufen und ihm diese Frage stellen.

Aber: Der Arbeitgeber darf auf Nachfrage nichts anderes antworten, als was er im Zeugnis geschrieben hat. Er darf sich im Interesse des Arbeitnehmers also auch am Telefon nur **wohlwollend**, **berufsfördernd** und **wahrheitsgemäß** über den Arbeitnehmer äußern.

Exkurs: Die Haftung des Arbeitgebers

Erleidet der Arbeitnehmer einen Schaden durch die Nichterstellung oder verspätete Erstellung eines Zeugnisses, kann er Schadensersatz vom Arbeitgeber verlangen, wenn dieser schuldhaft gehandelt hat. Die Höhe bemisst sich nach dem Schadensbetrag, den der Arbeitnehmer durch Nichteinstellung oder verspätete Einstellung erlitten hat (BAG 16. 11. 1995 – 8 AZR 983/94).

Das Problem besteht hier allerdings darin, dass der Arbeitnehmer beweisen muss, dass er den neuen Job deshalb nicht bekommen hat, weil gerade dieses fehlende oder schlechte Zeugnis ausschlaggebend für seine Nichteinstellung beim potenziellen neuen Arbeitgeber war. Üblicherweise kann man davon ausgehen, dass es eine Vielzahl von Gründen gibt, warum ein Bewerber gerade diesen Job in diesem Unternehmen nicht bekommen hat. Die konkreten Gründe der Ablehnung werden auch selten genannt, u. a. auch deshalb, weil sich Arbeitgeber nicht in die möglichen Fänge des **Allgemeinen Gleichbehandlungsgesetzes** begeben wollen, wonach Diskriminierungen aufgrund des Alters, des Geschlechts, der Rasse, ethnischen Herkunft, der Religion und Weltanschauung, einer Behinderung oder der sexuellen Identität verhindert werden sollen und unzulässig sind.

Ein Anspruch auf Schmerzensgeld wegen Verletzung der Persönlichkeit durch ein negatives Zeugnis und unzutreffende Beurteilungen soll im Allgemeinen nicht bestehen (BAG 12.8.1976 – 3 AZR 720/75).

Ein **Schadensersatzanspruch** eines neuen Arbeitgebers gegenüber dem ehemaligen Arbeitgeber ist theoretisch denkbar. Der neue Arbeitgeber könnte behaupten, dass er einen Arbeitnehmer nur wegen des positiven Zeugnisses eingestellt habe, nun aber durch mangelnde Leistung geschädigt wurde. Dann müsste der alte Arbeitgeber wissentlich unwahre Angaben über die Leistungen des Arbeitnehmers gemacht haben und zudem billigend in Kauf genommen haben, dass dieser andere schädigen würde. Schädigungsvorsatz wird dem alten Arbeitgeber wohl eher selten nachzuweisen sein, da die Zeugnisse zumeist allein im Interesse des Arbeitnehmers ausgestellt werden.

Das Referenzschreiben *(letter of reference)*

Qualifizierte Zeugnisse der beschriebenen Art sind eine deutsche Eigenart. In anderen Ländern gibt es eine derart komplizierte und detaillierte Bewertung eines Arbeitnehmers nicht oder selten. Der Bewerber überzeugt im Vorstellungsgespräch oder nicht, bekommt eine Chance oder eben nicht. Sein (Arbeits-) Vorleben interessiert nicht wirklich, wenn er im Vorstellungsgespräch überzeugend rüberbringen kann, dass er der Richtige für diese Position ist. Das liegt sicherlich auch daran, dass es in anderen Ländern nicht unüblich ist, den Beruf im Laufe seines Arbeitslebens mehrmals zu wechseln. Aber auch hier in Deutschland werden wir uns in Zukunft darauf einstellen müssen, dass immer mehr Menschen nicht mehr den einen Beruf in einem Unternehmen ihr Leben lang ausüben, sondern durch technische und wirtschaftliche, aber auch demografische Veränderungen Wechsel der Berufe häufiger werden. Dann wird es nicht mehr so interessant für den neuen potenziellen Arbeitgeber in der Dienstleistungsbranche sein, ob Sie in der Maschinenbaubranche eine bestimmte Maschine besonders gut beherrschten. Vielmehr wird er beeindruckt sein, wenn Ihr ehemaliger Arbeitgeber Ihnen z. B. bestätigt, dass er sich immer auf Sie verlassen konnte und Sie stets selbstständig und loyal im Interesse des Unternehmens gehandelt haben.

Mittlerweile sind derartige Referenzschreiben *(letter of reference/reference letter/letter of recommendation)* auch in Deutschland nicht mehr unbekannt. Sie haben einen entscheidenden Vorteil gegenüber Zeugnissen: Sie sind freiwillig verfasst worden, d. h. sie können vom Arbeitgeber nicht erzwungen werden. Und umso beeindruckender wirken sie natürlich, wenn ein Bewerber ein Schreiben seines ehemaligen Vorgesetzten vorlegen kann, in dem dieser von sich aus aktiv seinen ehemaligen Mitarbeiter bewirbt, ja praktisch für ihn bürgt.

Ein Referenzschreiben sollte

- nicht länger als eine DIN-A4-Seite sein,
- den Schwerpunkt auf die vergangene Tätigkeit und Qualifikation legen und diese positiv bewerten,
- eine Bewertung des Sozialverhaltens enthalten sowie
- den Arbeitnehmer für eine bestimmte Aufgabe/Position durch seinen ehemaligen Vorgesetzten/Arbeitgeber empfehlen.

Referenzschreiben können auch für Freiberufler, Praktikanten, Stipendiaten oder ehrenamtlich Tätige ausgestellt werden, die nicht in einem Arbeitsverhältnis stehen.

Auch Leiharbeitnehmer können ihren direkten Vorgesetzten im Entleiherbetrieb bitten, ihnen ein Referenzschreiben auszustellen.

MEIN TIPP

Da Referenzen in Deutschland noch nicht weitverbreitet sind, empfiehlt es sich, ein oder zwei Referenzen Ihrer ehemaligen Vorgesetzten bei Bewerbungen mit einzureichen, um sich in Bewerbungsverfahren positiv abzusetzen und die Bewerbungsunterlagen aufzuwerten. Allerdings können Sie niemanden zu einer solchen Referenz zwingen.

Das Wichtigste in Kürze

Referenzschreiben sind vom Vorgesetzten oder dem Arbeitgeber persönlich gefertigte Schreiben, in denen die Tätigkeiten und Leistungen des Arbeitnehmers beschrieben und bewertet werden. Zugleich wird der Arbeitnehmer allgemein oder für eine bestimmte Arbeitsstelle besonders empfohlen. Der Verfasser eines Referenzschreibens macht also deutlich, dass er sich für diese Person und seine Arbeitsleistung „verbürgt“. Da auf ein Referenzschreiben anders als auf ein Zeugnis keinerlei Anspruch besteht, hat es in der Regel eine beeindruckende, positive Wirkung.

Der Rechtsweg

Rechtsstreitigkeiten über die Erstellung oder den Inhalt eines Zeugnisses werden vor den Arbeitsgerichten selten bis zum Ende durchgefochten. Vielfach einigt man sich im Vorwege bereits nach anwaltlichem Forderungsschreiben oder im Laufe eines gerichtlichen Verfahrens über die Formulierungen, da es sich ja auch fast immer um Einzelfallentscheidungen handelt. Oft werden die Streitigkeiten auch innerhalb eines Kündigungsschutzprozesses in einem gerichtlichen Vergleich mit abgehandelt.

Achtung: Der Zeugnisanspruch muss ausdrücklich als solcher geltend gemacht werden. Die Erhebung einer Kündigungsschutzklage[4] allein reicht nicht aus (BAG 17. 10. 1972 – 1 AZR 86/72).

Zuständig für Zeugnisklagen sind die Arbeitsgerichte gem. § 2 I Nr. 3 ArbGG, die im Urteilsverfahren entscheiden.

---

4 *Eine Kündigungsschutzklage kann innerhalb von drei Wochen nach Zugang gegen eine arbeitgeberseitige Kündigung durch den Arbeitnehmer erhoben werden, wenn dieser länger als sechs Monate in einem Unternehmen mit mehr als zehn Arbeitnehmern gearbeitet hat. Das Arbeitsgericht prüft die soziale Rechtfertigung der Kündigung. Es müssen personenbedingte, verhaltensbedingte oder betriebsbedingte Gründe vorliegen.*

Der Arbeitnehmer macht vor dem Arbeitsgericht, wenn er vom Arbeitgeber ein Zeugnis erbeten hat, die Erfüllung seines Zeugnisanspruches geltend. Das gilt sowohl dann, wenn der Arbeitgeber ihm überhaupt kein Zeugnis ausstellt, als auch dann, wenn der Arbeitnehmer Änderungen oder Berichtigungen wünscht (sog. **Berichtigungsanspruch**). Das Zeugnis soll eben nach Form und Inhalt den rechtlichen Anforderungen entsprechen.

Damit die Klage zulässig ist und das Arbeitsgericht weiß, welche Formulierung der Arbeitnehmer tatsächlich wünscht oder gestrichen haben möchte, müssen die Änderungswünsche im Klageantrag konkret formuliert sein (sog. **Berichtigungsantrag**).

Achtung: Der Arbeitgeber ist in der Formulierung und Beurteilung frei und kann auch durch gerichtliche Auseinandersetzung nicht dazu gezwungen werden, bestimmte Worte oder Sätze ins Zeugnis zu schreiben. Hat er bestimmte Formulierungen verwendet, die dem allgemeinen Zeugniscode widersprechen und den Arbeitnehmer herabwürdigen bzw. eben nicht wohlwollend und berufsfördernd erscheinen, kann allerdings die Streichung verlangt werden. Beruft sich der Arbeitgeber hierbei auf den Grundsatz der Wahrheit im Zeugnis, muss er die Schlechtleistung oder das Fehlverhalten beweisen. Verlangt der Arbeitnehmer eine bessere Beurteilung, als vom Arbeitgeber im Zeugnis angegeben, muss er diese ebenfalls beweisen (siehe Unterkapitel „Beweislast", S. 38).

In der ersten Instanz vor den Arbeitsgerichten besteht kein Anwaltszwang, man kann sich also selbst vertreten (§ 11 ArbGG). Dennoch ist aufgrund der Komplexität und Kompliziertheit des Themas eine anwaltliche Beratung sehr zu empfehlen.

Die Kosten des Verfahrens trägt jede Partei in der ersten Instanz vor den Arbeitsgerichten selbst (§ 12 a ArbGG).

Es kommt häufig vor, dass nach einer Kündigung durch den Arbeitgeber – egal aus welchen Gründen – ein sog. Aufhebungsver-

trag bzw. Abwicklungsvertrag geschlossen wird. In den Verhandlungen, die zwischen Ihnen als Arbeitnehmer (möglicherweise mit anwaltlicher Unterstützung) und dem Arbeitgeber (ebenfalls möglicherweise mit anwaltlicher Unterstützung) geführt werden, geht es dann um die Beendigungsmodalitäten, wie Beendigungsdatum, Abfindungssumme, Urlaub, Herausgabe von Unternehmenseigentum usw. Auch ein Zeugnisanspruch wird häufig darin festgehalten, meistens mit einem Satz wie:
Der Arbeitgeber erteilt dem Arbeitnehmer ein wohlwollendes Zeugnis, das sich auf Leistung und Führung erstreckt.

MEIN TIPP

Bei Verhandlungen über die Auflösung des Arbeitsverhältnisses bzw. über einen Aufhebungsvertrag sollten Sie nicht nur Ihren Zeugnisanspruch gleich mit erledigen, sondern auch die Benotung:

„Dem Arbeitnehmer wird ein wohlwollendes, die berufliche Zukunft förderndes Zeugnis mit der Leistungs- und Führungsbenotung „sehr gut" und einer Schlussformel mit Bedauern und Dank sowie gute Wünsche für die berufliche und private Zukunft erteilt."

Mit einer solchen oder ähnlichen Formulierung ist gesichert, dass Sie nicht nur überhaupt ein Zeugnis erhalten, sondern auch eins mit einer sehr guten Benotung, in dem also bestimmte Formulierungen wie „stets zu unserer vollsten Zufriedenheit" vorkommen müssen.

Denn die anlässlich einer einvernehmlichen Beendigung gemachte Zusage des Arbeitgebers, er werde dem Arbeitnehmer ein „wohlwollendes" Zeugnis ausstellen, bedeutet nicht zwingend, dass der Arbeitnehmer einen Anspruch auf eine „gute" Leistungsbeurteilung hat (LAG Bremen 9. 11. 2000 – 4 Sa 101/00).

Das Wichtigste in Kürze

Für Streitigkeiten über die Erstellung, den Inhalt und die Bewertungen der Leistungen und des Verhaltens des Arbeitnehmers sind die Arbeitsgerichte zuständig. Zur Klageeinreichung benötigt man keinen Rechtsanwalt, die Kosten des Verfahrens und der Rechtsanwälte trägt jede Seite in der ersten Instanz vor dem Arbeitsgericht selbst. Die Beweislast für eine bessere Benotung als ein „befriedigend" trägt der Arbeitnehmer, die Beweislast für eine schlechtere Leistung trägt der Arbeitgeber.

Schlusswort

Möglicherweise ist Ihnen bei der Lektüre dieses Buches durch den Kopf gegangen, dass Zeugnisse nicht immer so sinnhaft sind, wie Sie bisher dachten. Zu Recht wird die Zeugnis-Praxis in Deutschland durchaus kritisch betrachtet und es ist an alle Beteiligten zu appellieren, sich ihrer Verantwortung beim Zeugnisschreiben bewusst zu sein und entsprechend zu formulieren. Um die Glaubwürdigkeit von Zeugnissen wiederherzustellen, bedarf es entweder der Anwendung des eigentlich vorhandenen Systems der gesamten Skala der Benotungen und nicht nur der Noten „sehr gut“ und „gut“. Oder aber man verändert auch hierzulande die bestehende Praxis der Zeugnisse hin zu Referenzen. Diese sind als eine Art Empfehlungsschreiben deshalb glaubwürdiger, da sie Aussagen über die Leistungen und das Verhalten einer Person treffen, die nicht erzwungen werden können.

Durch die Lektüre dieses Buches haben Sie Insiderwissen über den gängigen Zeugniscode erhalten, das Ihnen die Interpretation Ihres Zeugnisses erleichtern soll. Bestimmte Formulierungen und Sätze werden Sie als das erkennen, was sie sind: positiv klingend, aber negativ gemeint. Und Sie wissen jetzt aber auch, dass man nicht jedes Wort auf die Goldwaage legen sollte, sondern dass der **Gesamteindruck** entscheidet.

Vielleicht wissen Sie jetzt mehr als der Zeugnisaussteller selbst. Deshalb möchte ich noch einmal betonen, dass es in vielen Fällen sinnvoll sein wird, vor dem Beschreiten des Rechtsweges, Kontakt mit dem Arbeitgeber aufzunehmen, um festzustellen, ob dieser wirklich das über Sie ins Zeugnis geschrieben hat, was er gemeint hat. Viele teure Rechtsstreitigkeiten sind vermeidbar, wenn man vorher den Weg der Kommunikation geht.

Checklisten

Im Folgenden finden Sie verschiedene Checklisten mit den Punkten in der erforderlichen Reihenfolge, auf die Sie achten sollten, wenn Sie ein Zeugnis anschauen und feststellen wollen, ob es sich um ein gutes oder schlechtes Zeugnis handelt.

Checkliste: Gesamteindruck / Formales

- ○ Ist die Bezeichnung (Zeugnis / einfaches Zeugnis / Zwischenzeugnis) richtig gewählt?
- ○ Passt die Länge des Zeugnisses im Verhältnis zu Ihrer Betriebszugehörigkeit?
- ○ Ist der Stil des Zeugnisses insgesamt warmherzig, freundlich und Ihnen wohlgesonnen?
- ○ Klingen die Bewertungen nicht zu gut, zu sehr lobend, zu übertrieben?
- ○ Ist der Briefbogen sauber und nicht geknickt?
- ○ Ist der Zeugnistext grammatikalisch richtig und ohne orthografische Fehler?
- ○ Ist aktuelles Geschäftspapier verwendet worden?
- ○ Ist es von einem Ihrer Vorgesetzten oder jedenfalls einer Person mit Unterschriftsberechtigung unterschrieben?
- ○ Ist das Zeugnis auf den letzten Tag Ihres Arbeitsverhältnisses datiert bzw. ist das Zeugnis nicht mehr als sechs Wochen später datiert?
- ○ Sind keine Ausrufezeichen, Anführungszeichen, Unterstreichungen o. Ä. vorhanden?

Checkliste: Einleitungssatz

- ○ Stimmen die Beginn- und Beendigungsdaten Ihres Arbeitsverhältnisses?
- ○ Ist Ihr Name richtig geschrieben?
- ○ Ist Ihre (zuletzt ausgeübte) Tätigkeit richtig beschrieben?
- ○ Klingen die Sätze aktiv?

Checkliste: Tätigkeitsbeschreibung

- ○ Kann ein neutraler Dritter mit der Beschreibung Ihrer Tätigkeiten etwas anfangen?
- ○ Gibt es wenig oder gar keine unternehmensinternen Abkürzungen?
- ○ Stimmen die Tätigkeitsbeschreibungen mit dem überein, was Sie wirklich gemacht haben?
- ○ Sind Tätigkeiten, die für Ihre Stelle zwar erforderlich, aber eher unwichtig sind, am Ende der Beschreibungen aufgeführt?
- ○ Sind alle Ihnen wichtigen Tätigkeiten aufgeführt?
- ○ Sind bei langer Betriebszugehörigkeit alle Ihre Tätigkeiten in entsprechender Reihenfolge aufgeführt und ist die letzte Tätigkeit am ausführlichsten beschrieben?
- ○ Sind Fort- und Weiterbildungsveranstaltungen, an denen Sie im oder im Auftrag des Unternehmens teilgenommen haben, aufgeführt?
- ○ Sind Sprachkenntnisse erwähnt?
- ○ Werden Selbstständigkeit und Eigenverantwortlichkeit hervorgehoben?

Checkliste: Leistungsbeurteilung

- ○ Ist die Benotung Ihrer Leistung mit „stets zur vollsten Zufriedenheit", „ zur vollsten Zufriedenheit", „stets zur vollen Zufriedenheit" oder ähnlich beschrieben?
- ○ Werden Kenntnisse, Können, Arbeitsweise und Arbeitsstil ausführlich beschrieben und positiv bewertet?
- ○ Gibt es Formulierungen hinsichtlich Ihrer Arbeitsbereitschaft und Ihrer Identifikation mit dem Unternehmen?
- ○ Wird der Erfolg Ihrer Arbeit benannt?
- ○ Werden besondere Erfolge erwähnt?
- ○ Sind berufsrelevante Merkmale erwähnt bzw. werden sie lobend hervorgehoben?
- ○ Fehlt es an Formulierungen wie „im Allgemeinen", „im Wesentlichen"?
- ○ Sind keine doppeldeutigen Worte vorhanden?
- ○ Stimmen die Einzelbewertungen mit der Gesamtbenotung überein?

Checkliste: Führungsbeurteilung

- ○ Ist die Benotung Ihres Führungsverhaltens mit „stets vorbildlich“ oder „außerordentlich vorbildlich“ oder ähnlich formuliert?
- ○ Stimmt die Reihenfolge: Vorgesetzte, Kollegen, Kunden?
- ○ Wird Ihr Verhalten gegenüber allen drei oben genannten Personen erwähnt?
- ○ Wird die Anzahl der Mitarbeiter, für die Sie Personalverantwortung hatten, erwähnt?
- ○ Bescheinigt man Ihnen Teamfähigkeit, Personalkompetenz, Führungskompetenz und Motivationskraft o. Ä. hinsichtlich Ihrer Mitarbeiter?
- ○ Gibt es Formulierungen hinsichtlich Ihres Organisationstalents?
- ○ Sind keine doppeldeutigen Worte vorhanden?
- ○ Stimmen die Einzelbewertungen mit der Gesamtbenotung überein?

Checkliste: Beendigungsgrund / Schluss

- ○ Ist Ihre Eigenkündigung bzw. sind betriebsbedingte Gründe des Arbeitgebers erwähnt?
- ○ Enthält die Schlussformel Bedauern, Dank und gute Wünsche für Ihre berufliche sowie private Zukunft?

Wenn Sie alle Fragen mit „ja“ beantworten konnten, scheint es sich um ein Zeugnis mit sehr guter bzw. guter Benotung Ihrer Leistung und Ihres Führungsverhaltens zu handeln.

Die 10 häufigsten Fragen

Bestimmte Fragen höre ich besonders oft in meinen Seminaren und Beratungen. Deshalb finden Sie hier meine Antworten dazu.

1. **Was ist zu tun, wenn der Arbeitgeber trotz Anforderung kein Zeugnis erstellt?**
   Fordern Sie den Arbeitgeber zunächst schriftlich (das kann auch per E-Mail sein) auf, ein Zeugnis zu erstellen. Ist nach ca. zwei Wochen nichts passiert, senden Sie einen Brief per Einschreiben mit Rückschein und setzen Sie eine Frist von ca. drei Wochen. Reagiert der Arbeitgeber auch dann nicht, senden Sie einen selbstgeschriebenen Entwurf eines Zeugnisses an ihn und setzen Sie eine weitere Frist mit der Androhung einer Klage vor dem Arbeitsgericht.

2. **Was ist zu tun, wenn man mit bestimmten Formulierungen im Zeugnis nicht einverstanden ist?**
   Zunächst sollte man Kontakt mit dem Arbeitgeber aufnehmen, um festzustellen, ob er diese Formulierungen so gemeint hat, wie er sie geschrieben hat. Ist das nicht der Fall, sollte man ihn bitten, diese Formulierungen entsprechend zu ändern. Dabei kann es hilfreich sein, die Änderungswünsche konkret zu formulieren und per Mail an den Arbeitgeber

zu schicken. Weigert sich der Arbeitgeber, die gewünschten Änderungen vorzunehmen, kommt es darauf an, ob es sich um Formulierungen handelt, die allgemein als inakzeptabel gelten, weil sie nicht wohlwollend und berufsfördernd sind, oder um rein sprachliche Formulierungswünsche. Auf Letztere gibt es keinen Anspruch, da der Arbeitgeber in seinen Formulierungen frei ist. Sind die Formulierungen so negativ, dass sie den weiteren Berufsweg verbauen, sollte eine schriftliche Aufforderung mit den Berichtigungsformulierungen unter Fristsetzung von ca. zwei Wochen an den Arbeitgeber verschickt werden. Geht der Arbeitgeber nicht darauf ein, bleibt nur der Klageweg.

3. Kann man wegen orthografischer Mängel das Zeugnis zurückweisen und Berichtigung verlangen?

Ja, der Arbeitnehmer hat einen Anspruch auf orthografisch und grammatikalisch richtige Formulierungen und Schreibweisen.

4. Ist es in Ordnung, wenn die Tätigkeitsbeschreibungen mit Spiegelstrichen aufgezählt werden?

Ja, das ist in Ordnung und sogar üblich.

5. Darf eine Abmahnung im Zeugnis erwähnt werden?

Nein, Abmahnungen oder auch einzelne Vorfälle im Laufe eines Arbeitsverhältnisses dürfen nicht im Zeugnis erwähnt werden.

6. Darf eine Schwerbehinderung oder längere Krankheit im Zeugnis erwähnt werden?

Nein, eine Schwerbehinderung oder längere Krankheit findet im Zeugnis keine Erwähnung.

7. Woran erkennt man, dass der Arbeitgeber ein sehr gutes oder gutes Führungsverhalten bescheinigt?

Am Wichtigsten ist die richtige Reihenfolge der genannten Personen, mit denen man es im Unternehmen zu tun hatte. Die gängige Formulierung lautet:

Sein Verhalten gegenüber Vorgesetzten und Kollegen war stets einwandfrei.

Ist die Reihenfolge umgekehrt (erst die Kollegen, dann die Vorgesetzten), wird das Signal gesendet, dass es mit den Vorgesetzten Probleme gab.

8. Wann hat man Anspruch auf ein Zwischenzeugnis?

Es gibt für den Arbeitnehmer mehrere gute Gründe, vom Arbeitgeber ein Zwischenzeugnis zu verlangen: bei einem Vorgesetztenwechsel, bei eigener Versetzung, bei Umstrukturierungen im Betrieb, bei einem Betriebsübergang und natürlich, wenn man sich selbst beruflich verändern und den Job wechseln möchte. Bei Letzterem sollte man allerdings immer mögliche Konsequenzen des Arbeitgebers bedenken.

9. Wie lang sollte ein Zeugnis sein?

Das kommt auf die Beschäftigungsdauer an. Um glaubwürdig zu sein, sollte es bei kurzer Beschäftigungsdauer (bis zu zwei Jahren) nicht länger als eine Seite sein, bei sehr langer Beschäftigungsdauer maximal zweieinhalb Seiten umfassen.

10. Wie muss die Schlussformel in einem Zeugnis lauten, damit die Benotung „sehr gut" betont wird?

Der Grund für die Beendigung des Arbeitsverhältnisses sollte erwähnt werden. Anschließend folgen ein Bedauern des Ausscheidens, eine Danksagung sowie gute Wünsche für die weitere berufliche und möglicherweise private Zukunft:

Herr. A verlässt uns auf eigenen Wunsch, um sich neuen Aufgaben zuzuwenden. Wir bedauern diese Entscheidung außer-

ordentlich, weil wir einen hervorragenden Mitarbeiter verlieren. Wir bedanken uns bei Herrn A. für die stets sehr gute Zusammenarbeit und wünschen ihm für seine berufliche und auch private Zukunft alles Gute.

Im Allgemeinen gilt: Je herzlicher die Abschlussformel, desto besser war der Mitarbeiter. Ein Anspruch auf Bedauern und Dank besteht aber nicht.

Literaturverzeichnis

Hümmerich, K., Boecken, W., Düwell, F.J. (2009). *AnwaltKommentar Arbeitsrecht*. Band 1. Bonn.

Hesse, J. & Schrader, H.C. (2015). *Das perfekte Arbeitszeugnis*. Hallbergmoos.

Schulz, G.-F., Gerves, S., Gerauer, A. (2015). *Alles über Arbeitszeugnisse*. München.

Wirtschaftspsychologie aktuell (13. April 2016). *Arbeitszeugnisse sind unsinnig*. Abgerufen am 05.08.2016 von www.wirtschaftspsychologie-aktuell.de/nachrichten/nachrichten-20160413-arbeitszeugnisse-sind-unsinnig.html

Links

www.karrierebibel.de

Studie der Friedrich-Alexander-Universität Erlangen-Nürnberg (2011): www.psychologie.wiso.uni-erlangen.de/forschung/arbeitszeugnisse.php

Stichwortverzeichnis

Zur Autorin

Ingrid Brand-Hückstädt ist Fachanwältin für Arbeitsrecht mit eigener Anwaltskanzlei in Plön, Schleswig-Holstein.

Während ihrer über 30-jährigen anwaltlichen Tätigkeit ist sie fast ausschließlich in der arbeitsrechtlichen Beratung, dabei in besonderem Maße im betriebsverfassungsrechtlichen Bereich tätig. In ihrer Anwaltskanzlei, die bundesweit aktiv ist, berät sie sowohl Arbeitnehmer als auch Betriebsräte und Unternehmen und ist außerdem als Coach tätig.

Im Verlauf ihrer freiberuflichen Tätigkeit als arbeitsrechtliche Beraterin hat sie Kontakte zu Personalabteilungen und Betriebsräten geknüpft und auch ausführliche Einblicke in verschiedene Unternehmen erhalten. Ihre Tätigkeit beschränkte sich nicht nur auf einfache kurzfristige Beratung, sondern umfasste auch die beratende Begleitung von Prozessen in Unternehmen wie Betriebsübergänge oder die Einführung neuer Entlohnungssysteme.

Für verschiedene Veranstalter ist sie als Trainerin für Seminare deutschlandweit über alle sich aus dem Arbeitsrecht ergebenden Themen tätig, sowohl vor Betriebsräten als auch vor Personalabteilungen und Vorständen sowie in speziellen Inhouse-Seminaren jeweils vor Ort.

Zudem ist sie als Beraterin für Presse- und Öffentlichkeitsarbeit tätig.

Kontaktadresse www.brand-hueckstaedt.de